자녀의 10년 후를 설계하는

강남아빠 따라잡기

• 최강희 지음 •

한국경제신문

아버지가 줄 수 있는 사랑은 따로 있다

누구나에게 인생에서 특별한 의미를 갖는 중요한 순간이 있을 것이다. 예전의 일이지만 마치 오늘 아침의 일인 것처럼 느껴지는 선명한 기억속의 장면이 내게도 있다.

중학교 겨울방학 중의 새벽이었다. 그날도 어김없이 새벽에 아버지와 나는 집을 나왔다. 아버지께서는 나를 도서관에 데려다 주고 출근하려는 생각이셨고, 잠이 덜 깬 채 추위 속으로 나온 나는 얼굴에 싫은 기색을 가득 내비쳤다. 나는 목도리로 얼굴의 반 이상을 두르고 앉아 졸면서 아버지가 운전하는 차를 타고 도서관으로 갔다. 그날도 아버지는, 도서관에 도착하려면 빠른 걸음으로도 족히 10분 이상 걸리는 도로변에 차를 세우셨다. 걸어 올라가야 잠이 깨고, 그래야 맑은 정신으로 책을 볼 수 있다는 게 아버지의 생각이셨다. 그러나 그

날은 바람이 너무 세차서 나는 정말이지 내리고 싶지 않았다. 사정을 했지만 아버지는 허락하지 않으셨다. 하는 수 없이 나는 그 언덕길을 걸어 올라야 했다.

사람 하나 없는 골목, 전기가 흘러가는 소리가 나는 커다란 전봇대 옆을 지나며 거기 달려 있는 가로등의 불빛으로, 어두컴컴한 새벽하늘을 올려다봤다.

그때, 인생이 이런 건가 보다 하는 생각이 순간적으로 온몸을 휘감았다. 이런 고독을 견디는 것이구나, 이런 외로움을 겪어야 하는 것이구나, 대가 없이는 얻을 수 없는 것이 삶인가 보다 하는 생각들 말이다. 그 순간 추위가 뼛속까지 몰려오는 듯했다.

내가 도서관 정문 안으로 들어서자, 뒤에서 따라오고 있던 아버지 차가 지나가는 소리가 들렸다. 아버진 그렇게 찬 겨울날 아침, 내게 인생의 의미 하나를 선명히 남겨 주셨다.

대학교에 들어가서 동아리에서 첫 엠티를 강촌으로 갔을 때도 먹을거리를 한 아름 안고 늦은 밤에 갑자기 찾아오신 아버지다. 세미나를 한다며 못 마시는 술을 한두 잔 마시고, 늦은 밤길을 바래다주는 선배들과 집엘 오자면 아버지는 벌써 집 앞에서 나를 기다리다 맞아 주셨다. 덕분에 나와 선배들은 무릎을 꿇고 아버지에게 젊은 날을 소중히 알아야 한다는 긴 가르침을 들어야 했다.

그런 아버지가 내가 대학교 2학년 때 예고 없이 돌아가셨다. 그때 내 충격은 무엇과도 비교할 수 없을 만큼 컸다. 누가 아버지를 억지로 숨기고 내놓지 않는 것 같아, 억울해서 숨을 쉴 수가 없었다. 아버지 어디 갔냐고 목이 다 쉴 정도로 몇날며칠 고함을 질렀지만 아버지를 다시 볼 수는 없었다.

아버지가 떠난 후 나와 동생들, 그리고 어머니는 크고 작은 바람이 거침없이 부는 낯선 벌판에 무참히 던져졌다. 나는 혼란스런 세상에 맞서며 있는 대로 상처를 입고 좌절했다. 십년 가까이 암중모색의 시간이었다. 계속되는 고통스런 일들에 바닥까지 내려간 내가 이제는 살 수가 없다고 찾아간 곳은 아버지가 청년시절을 보내며 공부하던 곳이었다. 아버지의 자취를 느껴 볼 수 있지 않을까 하는 기대가 있었다. 나를 세상에 보낸 분 가까이에서 결판을 내든지 죽도록 사정을 하든지 해야 했다. 한겨울 그해 마지막 달의 어느 날, 넓은 잔디밭 한가운데 무릎을 꿇고 앉았다. 이슬을 맞으며 추운 줄도 모르고 무서운 줄도 모르고 밤새도록 목놓아 아버지를 찾았다.

기도 덕분이었는지 다음 해, 나는 기적같이 고마운 선생님을 만나게 되었다.

아버지에 대해 특별한 추억을 갖고 있는 내가, 강남에서 학생들을 가르치는 일을 하면서 집집마다의 아버지들에게 눈길이 간 것은 지극히 자연스러운 일일 것이다. 나는 때때로 "강남에 사는 부모들이야 돈도 많고 배운 것도 많으니 게다가 교육시킬 수 있는 환경도 좋으니 쉽게 아이들을 기르겠지!" 하는 강남 학부모들에 대한 일반적인 선입견들과 마주친다. 그럴 때마다 나는 그건 아닌데 하는 생각은 하지만 뭐라고 간단히 응대할 수가 없어서 답답했다.

　물론 강남은 교육에 관한 한 고를 수 있는 상품이 거의 백화점 수준이다. 그러나 그런 환경에서조차도 그들이 쉽게 아이들을 키우는 것은 결코 아니다. 아무에게도 맡길 수 없는 것들, 예를 들어 아이들에게 좋은 습관을 들이고 바른 인성을 갖게 하는 부분에서는 아버지가 나서서 많은 공을 들이는 것을 흔하게 보아왔다. 그 아이들에게는 부모가 선생님이다. 오히려 아버지가 말씀을 하실 때면 학교 선생님 말씀보다 더 정신집중이 된다는 아이들이었다.

　나는 그 아버지들에게 관심을 갖고 그들의 교육방식에 관하여 오랫동안 관찰을 해왔다. 성공한 아버지들은 바쁜 업무 때문에 집에 있는 시간이 턱 없이 적었지만 그 적은 시간을 아이들을 가르치는 데 효율적으로 사용하는 분들이 많았다. 평소에는 아이들을 지켜보기만 하다가 자신이 나서야 할 때가 되면 반드시 앞에 나서서 어머니 대신 아이들 일을 처리하는 분들이었다. 그리고 자신이 중요하다고 생각하는 일들은 자기 아이들도 그렇게 생각하며 살아가도록 가르치는 일에 온 힘을 쏟았다.

　사소한 일이라 해도 대충대충 하고 마는 것이 그 아버지들에게는 통하지 않았을 뿐더러, 결과에 대한 책임은 스스로의 몫으로 받아들일 줄 알아야 한다는 것이 그런 아버지를 둔 아이들이 갖고 있는 사고방식의 공통점이었다. 그 아이들은 부모가 자기를 무작정 감싸주

리라고 기대하는 대신 자립심을 키우며 성장한다.

"아버지 자리가 뭐 그렇게 중요하겠어! 내가 다 하는데…" 하는 생각으로 바쁜 남편이 아이들에게 소원한 것을 그대로 보고만 있는 어머니들에게 그건 아니라고 얘기하고 싶었던 것이 책을 쓰게 된 동기 중 하나다. 집안에서 아버지의 존재감을 느끼지 못하고 자라는 아이들은 크고 작게 삶의 무력감을 느끼며 우울증에 시달린다. 삶에서 이루고 싶은 게 별로 없다는 게 그 아이들의 특징이다. 오랫동안 집을 비웠더라도 아버지가 다시 집으로 돌아온다는 사실 자체만으로도 — 그 아버지가 어떤 일 때문에 집을 떠났었느냐의 여부에 관계없이 — 아이들은 얼굴에 환한 웃음을 피우게 된다는 것을 나는 수도 없이 경험했다.

이 책에서 나는 크게 세 장으로 나누어 강남아버지들의 모습을 보여주고자 한다. 첫째 장에서는 아이들이 그들만의 비전을 갖도록 아버지가 어떻게 유도하는지를 제시했고, 둘째 장에서는 아버지가 터득한 성공에 이르는 방법들을 자녀들에게 상세하게 가르치는 모습을 소개하였으며, 마지막 장에서는 자녀들에게 아버지만이 줄 수 있는 사랑을 보여주는 이야기들로 정리했다.

자신의 삶을 크고 작은 성공으로 이루어 왔듯 아이들의 교육에서도 최선을 다하려는 아버지들의 이야기를 읽다보면 "나는 돈도 없고

능력도 없어서 내 아이들에게 이렇게 해줄 수 있는 아버지가 아닌데…" 하고 한숨을 쉴 아버지들이 있을지 모르겠다. 그 분들을 위해 9·11테러 당시 뉴욕의 시장이었던 루돌프 줄리아니의 일화를 소개한다. 정진홍의 《완벽에의 충동》에 나오는 이야기다.

사상 초유의 재난을 당한 뉴욕은 줄리아니의 즉각적인 리더십으로 놀라울 정도로 빠르게 수습되었다. 감동한 시민들은 그를 열렬히 환호했으며 타임지는 그해의 인물로 줄리아니를 선정했다. 줄리아니의 빠른 결단력과 실행력은 어디서 비롯된 걸까? 바로 그 아버지의 가르침 덕분이다. 아버지는 무명의 복서였고 매 맞아 번 돈으로 어렵게 줄리아니를 키운 분이었다. 그가 링 위에서 상대편 선수에게 맞으면서 깨달은 것 "얻어맞을수록 침착해라!"가 아들에게 준 가르침의 다였다고 한다. 그리고 줄리아니는 자신이 최고로 세게 얻어맞았을 때 아버지가 가르쳐준 그대로 한 것이다.

사회적으로 성공한 아버지들만이 자식을 훌륭하게 키우는 것은 아니다. 줄리아니의 아버지처럼, 당신의 일터에서 깨달은 것을 행동으로 보여주는 것으로 충분하다.

이 책에 나오는 학생들의 이름은 모두 가명으로 대신했고, 수년간의 일들을 같은 시간대에 있는 것처럼 엮었다. 그러니 실제는 지난 과거의 일일 수도 있고 바로 요즈음의 일일 수도 있다.

그동안 만났던 아이들과의 일을 정리해서 묶는 작업을 하면서 깨

달은 것이 있다. 외롭다 힘들다 했던 과정 속에서도 학생들과 그 어머니들에게 많은 사랑을 받았다는 것이다. 감사하고 또 감사할 일이다. 또 큰 감사를 드려야 하는 분이 계시다. 기적같이 고마운 세이노 선생님이시다. 선생님이 계시지 않았다면 단연코 지금의 나는 존재하지 않았을 것이다. 학교에도 있었고 교재를 만드는 출판사에도 몸담았지만 희망 없어 보이던 '가르치는 일'에서 선생님은 새로운 비전을 제시해 주셨다. 선생님은 내게 학생들을 가르치는 일뿐 아니라, 이런 내용의 책을 엮어도 좋은지 의논을 드렸을 때부터 마지막 장을 쓸 때까지 바쁘신 중에도 조언을 아끼지 않으셨다. 말로는 다 하지 못하는 감사와 존경을 선생님께 올린다. 고맙습니다, 선생님!

　그리고 사랑한다는 말이 오히려 무색한 엄마와 동생들, 그렇지만 역시 그 말이 제일 좋을 듯하다. 사랑합니다!

2008년 2월

최강희

| 차례 |

| 들어가면서 | 아버지가 줄 수 있는 사랑은 따로 있다 003

PART 1 **VISION**
회사 일보다 더 중요한 아이들의 10년 후 미래

01 ●●● 꿈을 가지라는 말보다 어떤 꿈을 이룰 것인지 묻는다 017
내 아이를 위한 강남아빠들의 특별한 교육 노하우 ❶
목표를 정하고 노력하는 아이를 격려한다

02 ●●● 아빠의 시행착오를 대물림하지 마라 028
내 아이를 위한 강남아빠들의 특별한 교육 노하우 ❷
아빠의 사회경험으로 아이의 시행착오를 줄인다

03 ●●● 자퇴를 원하는 아이에게 책임을 알려준다 034
내 아이를 위한 강남아빠들의 특별한 교육 노하우 ❸
아이들의 고민을 진지하게 받아들인다

04 ●●● 12년 함께한 엄마보다 아빠의 수능전략이 더 먹히는 이유 042
내 아이를 위한 강남아빠들의 특별한 교육 노하우 ❹
사회생활에서 얻은 아이디어를 수능전략에 응용한다

05 ●●● 아빠가 전수하는 공부기술은 동기부여가 핵심이다 048
내 아이를 위한 강남아빠들의 특별한 교육 노하우 ❺
자녀가 말을 걸어오면 신문을 놓고 자녀를 향해 얼굴을 돌린다

06 ●●● 사회경험 많은 아빠는 최고의 진학전문가 057
내 아이를 위한 강남아빠들의 특별한 교육 노하우 ❻
성적 때문에 수저를 놓게 하지 않는다

07 ●●● 예금통장 역할만 하는 기러기 아빠가 되지 마라 066
내 아이를 위한 강남아빠들의 특별한 교육 노하우 ❼
아이와의 약속은 어떠한 경우라도 지켜야 한다

08 ●●● 맹목적 영어 지상주의가 아이를 망친다 074
내 아이를 위한 강남아빠들의 특별한 교육 노하우 ❽
맹목적인 영어교육보다 아이의 재능을 먼저 살핀다

09 ●●● 토론과 철학교육으로 오피니언 리더의 자질을 키운다 080
내 아이를 위한 강남아빠들의 특별한 교육 노하우 ❾
언제 어디서나 긍정적인 메시지를 준다

10 ●●● 세상을 보는 넓은 안목은 학교에서 가르쳐 주지 않는다 087
내 아이를 위한 강남아빠들의 특별한 교육 노하우 ❿
장래 희망을 강요하지 않는다

PART 2 **RULE**
성공의 법칙을 가르치는 건 아빠의 몫

01 ●●● 부자들은 금융지식이 아니라 최고에 대한 열망을 가르친다 097
내 아이를 위한 강남아빠들의 특별한 교육 노하우 ⓫
금융지식이 아니라 일에 대한 열망을 가르친다

02 ●●● 삶의 주도권을 아이에게서 빼앗지 않는다 103
내 아이를 위한 강남아빠들의 특별한 교육 노하우 ⓬
아버지는 언제나 아이를 믿는다는 사실을 깨닫게 한다

03 ●●● 강남아빠라고 무작정 기회를 주는 것은 아니다 109
내 아이를 위한 강남아빠들의 특별한 교육 노하우 ⓭
원칙을 주지시키고 이를 어길 때는 단호하게 처리한다

04 ●●● 시간은 돈을 주고라도 사라 114
내 아이를 위한 강남아빠들의 특별한 교육 노하우 ⓮
시간은 돈보다 중요하다는 것을 가르친다

05 ●●● 누구든 내 사람으로 만드는 방법을 가르친다 119
내 아이를 위한 강남아빠들의 특별한 교육 노하우 ⓯
예절 바르고 남을 배려하는 아이로 키운다

06 ● 아빠와 교류가 많은 아이들은 카네기 책을 읽는다 126
　　내 아이를 위한 강남아빠들의 특별한 교육 노하우 ⑯
　　인간관계의 중요성을 강조하고, 관련 도서를 읽힌다

07 ●● 과외선생님보다 북 가이더를 자처하라 131
　　내 아이를 위한 강남아빠들의 특별한 교육 노하우 ⑰
　　재산을 물려주기보다 책 읽는 습관을 물려준다

08 ●●● 밥상머리 교육은 자녀가 세상과 연결되는 최초의 통로 135
　　내 아이를 위한 강남아빠들의 특별한 교육 노하우 ⑱
　　식사시간에 아버지가 요즘 하는 일에 대해서 자주 말한다

09 ●●● 자부심을 가질 만한 집안의 전통을 일러준다 140
　　내 아이를 위한 강남아빠들의 특별한 교육 노하우 ⑲
　　아버지가 어떻게 살아왔는지 가감 없이 들려준다

10 ●●● 경제교육은 아빠의 경험을 물려주는 데서 시작한다 146
　　내 아이를 위한 강남아빠들의 특별한 교육 노하우 ⑳
　　자신이 체험하고 깨달은 경제원리를 아이에게 가르친다

11 ●●● 돈 모으는 법 대신 돈 쓰는 법부터 가르친다 152
　　내 아이를 위한 강남아빠들의 특별한 교육 노하우 ㉑
　　돈을 어떻게 모으느냐보다 어떻게 쓰느냐가 더 중요함을 가르친다

12 ●●● 부족함을 모르는 아이일수록 결핍감에 시달린다 158
　　내 아이를 위한 강남아빠들의 특별한 교육 노하우 ㉒
　　교양을 가르친다

13 ●●● 아빠의 투자 철학을 통해 경제 감각을 심어준다 162
　　내 아이를 위한 강남아빠들의 특별한 교육 노하우 ㉓
　　아버지가 꿈을 이루어나가는 모습을 보여준다

14 ●●● 무관심한 아빠는 부자라도 자녀의 눈에 무능하게 보인다 168
　　내 아이를 위한 강남아빠들의 특별한 교육 노하우 ㉔
　　아이에게 관심을 갖고 가정형편을 솔직히 이야기한다

15 ●●● 강남아빠는 딸에게도 승부욕과 조직관을 가르친다 173
　　내 아이를 위한 강남아빠들의 특별한 교육 노하우 ㉕
　　딸에게도 승부욕과 도전정신, 조직문화를 가르친다

PART 3 **PARTNER**

아빠의 사랑은 작은 관심에서 출발한다

01 ●●● 사랑이 담긴 아빠의 조언은 언제나 특별하다 183
내 아이를 위한 강남아빠들의 특별한 교육 노하우 ㉖
낙담하고 있는 아이를 가슴으로 안아 준다

02 ●●● 말이 통하는 아버지가 되라 189
내 아이를 위한 강남아빠들의 특별한 교육 노하우 ㉗
아이의 학교 스케줄을 지갑에 넣고 다닌다

03 ●●● 아버지와 떠나는 여행은 인생 최고의 자산 197
내 아이를 위한 강남아빠들의 특별한 교육 노하우 ㉘
여행에서 아이와 함께 소중한 추억을 쌓는다

04 ●●● 엄마와 사춘기 자녀에게는 아빠라는 중재자가 필요하다 201
내 아이를 위한 강남아빠들의 특별한 교육 노하우 ㉙
아이와 엄마의 언쟁에 무턱대고 끼어들지 않는다

05 ●●● 된장국 끓이는 아빠만큼 강렬한 애정 표현은 없다 207
내 아이를 위한 강남아빠들의 특별한 교육 노하우 ㉚
아이의 머리를 드라이해 준다

06 ●●● 직접 쓴 아빠의 메모는 자녀의 마음을 덥힌다 213
내 아이를 위한 강남아빠들의 특별한 교육 노하우 ㉛
아버지의 스케줄도 아이에게 알려라

07 ●●● 아내에게 점수 따는 아빠가 아이들에게 존경받는다 217
내 아이를 위한 강남아빠들의 특별한 교육 노하우 ㉜
부부가 서로 아끼고 사랑하는 모습을 아이에게 보여 준다

08 ●●● 자녀의 성교육에 적극적인 아빠가 되라 224
내 아이를 위한 강남아빠들의 특별한 교육 노하우 ㉝
아이들의 이성 친구를 관대하게 대한다

* Vision

수컷 늑대는 죽을 때까지 하나의 암컷만을 아내로 삼는다.
암컷이 굴속에서 새끼를 낳아 보살피고 있는 동안
늑대 수컷은 열심히 사냥을 해 온다.
수컷이 돌아오는 소리를 들으면,
암컷은 기쁨의 탄성을 지르며 열광적으로 꼬리를 흔든다.
그리고 어린 늑대들 또한 환호를 지르며 너나 할 것 없이 달려든다.
얼굴 위로 뛰어올라 입 근처에 무턱대고 뽀뽀를 해대는 것은 물론,
아빠의 입과 머리를 앞발로 치고, 코로 비벼 대고, 심지어 물어뜯기까지 한다.
그런 환영 의식이 끝나면
수컷 늑대는 입을 크게 벌려,
식구들을 위해 가져온 음식을 토해 낸다.
서로 다투지 않고 먹을 수 있도록
몇 번에 걸쳐 따로 토해 놓는 배려를 잊지 않는다.
새끼들이 양껏 먹을 때까지 그리고 아내가 흡족히 먹을 때까지
아빠는 그것을 먹으려 하지 않는다.
늑대 아빠는 새끼들과 아내를 위해 사냥을 할 뿐 아니라
종종 새끼들의 몸을 혀로 핥아 깨끗이 해주고,
굴을 호위함으로써 그 안에 있는 새끼들을 보호한다.

PART :: 1

회사 일보다 더 중요한 아이들의
10년 후 미래

꿈을 가지라는 말보다
어떤 꿈을 이룰 것인지 묻는다

중학교 2학년인 혜영이가 수업 중 내게 해준 말
이 있다. 혜영이는 전교 10등하는 우등생이다.

"선생님, 저는 '외교관'이 되고 싶어요. 그런데 우리 반 아이들 중
에는 커서 뭐가 되고 싶은지 모르겠다는 아이들이 훨씬 많아요. 꿈에
대해서는 고민도 하지 않아요. 뭐가 되고 싶은지도 생각하지 않고 어
떻게 공부를 할까요? 그런데 또 신기한 건요, 공부를 잘하는 아이들
은 모두 목표가 있다는 거예요. 전교 1등은 변호사를 할 거라 했고
요, 2등은 항공우주과학자가 될 거래요. 우리 반 1등은 한의사가 될
거라고 했어요. 공부 못 하는 아이들은 목표가 없어서 공부하기가 싫

은 게 아닐까요? 하고 싶은 게 있으면 힘든 것도 참을 수 있는데, 왜 아이들은 꿈을 정하지 않을까요?"

열다섯 살 여학생이 느끼는 '목표'의 중요성이다. 내 생각도 이와 비슷하다. 목표나 미래가 있는 아이들과 그렇지 않은 아이들은 학습 의욕이나 자발성, 집중력 모든 면에서 차이가 크다. 그러나 부모들과 같은 주변 어른들의 자극 없이 아이들이 구체적인 꿈을 갖기는 힘들다. 꿈이 있다고 해도 아주 막연하게 생각할 뿐이다.

"소설을 잘 쓰고 싶으면 어떤 과에 가야 하나요?"

"침술을 펼치는 한의사가 되고 싶은데, 인권변호사도 할 수 있는 방법은 없나요?"

어른들과 머리를 맞대면 구체적으로 발전할 수 있는 이러한 의문들은 대개 아이들 머릿속에서 몇날며칠을 굴러다니다 사라지고 만다. 부모에게 쉽게 속내를 드러낼 수 없는 아이들의 경우다.

아이들이 미래에 대한 꿈을 갖느냐 아니냐 하는 것은 부모와의 친밀도, 특히 사회생활을 하고 있는 아버지와의 관계가 밀접하냐 아니냐에 따라 결정된다. 아버지로부터 사회생활이나 직업적 가치관에 대해 꾸준히 자극을 받은 아이들은 '나는 어떤 사람이 될까?'라는 의문을 지속적으로 갖고 자신의 꿈에 대해 구체적인 그림을 그려나간다. 하지만 그렇지 않은 아이들은 하루하루 공부하고 게임하고 또 텔레비전을 보는 것이 전부다. 미래에 대한 막연한 불안감을 갖고 있으면서 말이다.

이때 강남아빠들은 아이가 미래를 두려워하지 않고, 당당하게 받아들일 수 있도록 기꺼이 멘토 역할을 수행한다.

신앙심이 남달랐던 지혜는 오래전부터 아픈 사람을 도와줄 수 있는 의대에 가고 싶어했다. 하지만 막상 의대에 지원하려니 마음이 내키지 않았다.

"해도 해도 끝이 없는 게 의대 공부잖아요. 제가 어렵다는 의대 공부를 해낼 수 있을까요? 실컷 공부했는데 의사가 적성에 맞지 않으면요? 그게 제일 걱정이에요."

딸이 의사되기를 희망하면서도 주저하는 것을 곁에서 지켜본 아버지는 어떻게 하면 지혜에게 꿈에 대한 확신을 심어줄까 고민했다. 아버지는 단순히 말로만 "괜찮아, 도전해 봐!"라고 하는 것은 딸에게 그다지 도움이 되지 않으리라고 생각했다.

"아이들은 자기가 하고 싶다가도 부모가 한마디 앞서서 거들면 움찔해져서 한 발짝 뒤로 물러나요. 제가 보기에 지혜는 의사가 될 소질이 많은 아이예요. 그래서 지혜에게 자신감을 갖게 하고 꿈에 대한 마음을 키워주려고 애 엄마랑 작전을 좀 짰어요."

아버지는 텔레비전에서 방영하는 가벼운 의학프로그램이나 의대생들이 주인공으로 등장하는 드라마 등은 반드시 녹화해 놓도록 아내에게 부탁했다. 지혜의 컨디션이 괜찮은 날 함께 보기 위해서다. 함께 텔레비전을 보며 아버지는 지혜가 의학이라는 분야에 호기심을 가질 수 있도록 이것저것 재미있는 이야기를 해주었다. 그리고 지혜가 물어오는 여러 가지에 질문에 성의껏 대답해 주었다. 또한 서점에 들러 가벼운 의학책들도 사들였다. 의학상식들을 만화로 풀어낸 책이나 자신들의 에피소드를 소개한 의사들의 가벼운 수필집을 화장실이나 거실 탁자에 슬그머니 올려놓곤 했다. 지혜가 읽을 수 있도록 말이다. 읽을거리를 좋아하는 지혜에게 의사라는 직업을 이해하기에 그보다 좋은 방법은 없을 것이라는 판단이었다.

아버지의 작전은 결실을 맺어 고등학교 2학년으로 올라갈 무렵 지혜는 의사라는 직업에 대한 거부감을 떨쳐낼 수 있었다.

"일단 한번 부딪쳐 보자는 생각이 들었어요. 생각보다 잘할 수 있을 것 같다는 자신감이 들었거든요. 미리 겁먹고 물러서면 오랫동안 후회할 것 같아요. 다른 공부를 하다가 의대에 들어갈까도 생각해 봤지만, 아빠 말씀대로 제때에 온 기회를 이용하는 것이 나을 것 같아요. 분야에 따라 문과 성향을 가진 사람도 의대에 적응할 수 있다고 하더라고요. 하다가 힘들면 아빠와 다시 의논할 거예요."

아버지가 나서서 도와주면 아이의 머릿속은 이렇게 개운해질 수 있다. 목표를 정한 다음 지혜는 다소 부족했던 수학이나 과학 과목에 열을 올렸다. 성적은 당연히 올라가기 시작했다.

여러 아이들을 통해 경험한 것은 책상에 앉아 진중히 책을 보는 힘은 바로 이러한 목표의식에서 나온다는 점이다. 좋은 학원이나 유명한 과외 교사가 아니라 자녀의 미래를 후원하고 격려하는 부모가 있을 때 비로소 결실을 맺는다.

　자녀의 미래를 고민하는 아버지 가운데 기억에 남는 또 다른 분은 딸을 변리사로 만든 경미의 아버지다. 경미의 아버지는 공무원이다.

　경미는 대학입학시험에서 예상 밖으로 성적이 나오지 않았기 때문에 목표했던 대학교에 진학할 수 없었다. 경미보다 고등학교 내신 성적이 안 좋았던 아이들은 경미가 열망했던 대학에 대거 들어갔다. 주위에서 아무리 괜찮다 해도 경미 자신은 도저히 받아들일 수 없었다. 자신의 미래는 이제 어디에서도 찾을 수 없는 것처럼 보였다. 경미는 학교에 가지 않는 날이 많아졌고, 친구들을 피해 혼자 있는 시간도 점점 늘어났다. 경미의 그런 우울한 모습이 아버지의 눈에 자주 들어왔다.

　"갓 스무 살이 된 아이의 얼굴이 죽음을 앞둔 사람처럼 그늘져 있더라고요. 방에 들어가 보면 책상에 엎드려 우울한 노래만 듣고 있고, 한밤중에 이상한 소리가 나서 방에 들어가 보면 이불 속에서 울고 있었어요. 그걸 보는 애비 심정이 어땠는지 아십니까? 애간장이 녹는다 하죠? 정말 그랬습니다."

　한 학기 내내 그러고 사는 딸을 아버지가 더 이상은 지켜볼 수 없었다. 뭔가 딸이 정신을 쏟을 것을 찾아야 했다. 잃어버린 자신감을 회복시킬 수 있는 일을 찾아야 했다. 아버지는 수많은 고민 끝에 타고난 이과생인 딸에게 '변리사' 시험을 권했다. 시험 과목은 경미의 대학 전공을 공부하면 많은 도움을 받을 수 있었다. 아버지가 보기에 그 공부가 딸에게 최고의 해법이었다.

아버지는 딸에게 주변 지인들을 소개시켜 주며 변리사의 밝은 전망에 대해서도 이모저모 알려주었다. 아버지의 긴요한 설득에 경미의 마음도 조금씩 움직이기 시작했다. 그때부터 아버지와 딸은 2인1조가 되어 학원을 알아보러 다녔고 필요한 책들을 샀다. 그러자 경미의 얼굴에 서서히 화색이 돌기 시작했다. 인생을 던질 목표가 생겼기 때문이다.

경미의 대학 도서관이 공부 장소가 되었다. 경미는 도시락을 싸들고 다니며 시간을 아껴 공부했다. 동급생들이 한껏 멋을 내고 미팅이다 축제다 해서 몰려다니는 시간에 자신은 시험 준비에 온 정열을 쏟아 부었다. 가끔 그들이 부럽기도 했지만 시험에 붙고 싶은 간절함이 더 컸기 때문에 유혹을 떨칠 수 있었다. 무엇보다 곁에는 든든한 아버지가 있었다. 아버지는 알고 있는 모든 인맥을 동원하여 변리사 시험에 대비하는 최적의 공부 방법을 경미에게 전수했다.

그렇게 아버지는 그 4년을 경미와 함께했다. 일요일이면 경미의 학교로 찾아가서 공부하는 딸과 함께 밥을 먹었고, 경미가 지쳐 보일 땐 가족과의 여행을 준비했다. 가족의 따뜻한 사랑이 경미에겐 큰 힘이 될 것이라고 생각했던 것이다.

드디어 기적이 일어났다. 대학 4학년 때 변리사 1차 시험에 합격했고, 그 다음해 2차 시험에 당당히 합격한 것이다. 그 어렵다는 변리사 시험을 가뿐히 통과하고, 어린 나이에 변리사라는 타이틀을 거머쥐게 되었다. 경미 스스로도 한동안 기쁨에 입이 다물어지지 않았다. 명문대에 입학한 예전의 고교 동창들은 경미의 소식에 깜짝 놀랐다. 그들 앞에 경미는 눈부시게 재기한 모습으로 나타났고, 모교에서는 자랑스러운 졸업생으로 인정받았다.

"아버지가 안 계셨으면 오늘의 저는 없었을 거예요. 변리사가 뭐하는 사람인 줄도 몰랐던 저를 변리사로 만든 사람은 아버지예요. 아버지가 제 버팀목이 돼주지 않으셨다면 4년 동안 냄새나는 도서관 구석에서 묵묵히 책을 볼 수 없었을 거예요. 제가 대단한 게 아니라 아버지가 대단한 분이에요."

변리사가 된 경미는 이제 누구보다 당당한 커리어우먼으로 자리를 잡아가고 있다.

이렇듯 강남아빠들은 자녀들의 진로나 인생계획에 매우 구체적으로 참여한다. 성공적인 인생을 사는 데 그보다 중요한 것이 없다고 생각하기 때문이다. 막연히 '꿈을 가져라!' 라며 덕담 섞인 말을 하기보다는 자녀들이 자신의 꿈을 구체화하도록 독려한다. 단순히 학원비를 대주고, 필요하다는 용돈을 주는 것에 절대 만족하지 않는다. 아이의 적성과 전공을 주도면밀하게 관찰해, 아이의 미래를 위한 큰 조력자 역할을 자처한다.

첼로를 전공하는 딸을 위해 첼로라는 생소한 악기에 대해 탐구하고 또 탐구해 마지막에 가서는 전문가 수준이 이른 희원이의 아버지도 그런 경우다. 희원이 아버지는 딸이 첼로를 전공으로 선택하자 연주자에 대한 정보를 찾아보는 것은 물론이고, 차를 운전하면서 항상 첼로 곡을 들었다. 단순한 음악 감상이 아니라 첼로라는 악기에 대한 감각을 익히려고 노력한 것이다. 또한 유명한 연주자의 음악회가 열리면 미리 그 음악가에 대해 공부를 마치고 딸과 함께 연주회장을 찾았다. 그리고 돌아오는 길에 감상을 나누며 딸이 모르고 있는 음악적 지식을 전달했다. 딸이 이해할 수 있는 아버지의 언어로 말이다.

"첼로를 훨씬 친근하게 느낄 수 있었어요. 또 자부심도 가질 수 있었고요. 아버지 덕분에 흔히 온다는 슬럼프 한번 없이 무사히 대학에 합격할 수 있었어요."

모두 아버지가 전해준 지지와 성원 덕분이었다.

강남·북 교육현실의 차이를 알아보기 위해 실시한 최근의 설문조사에 따르면 강북의 아이들의 경우 장래 희망이 매우 추상적이고 모호한 데 반해(안타깝게도 극빈층의 아이들의 경우 장래 희망을 도둑 또는 강도라고 적기도 했다) 강남의 아이들은 매우 구체적이었다. 강북과 다르게 강남 아이들의 많은 수가 전문직에 종사하길 원하며, 이를 위해 어떻게 해야 할지 정확한 목표의식을 갖고 있었다. 이 차이는 결국 부모들의 영향력에서 기인한다.

전문직에 고소득층인 강남의 부모들은 자연스레 자녀들에게 역할

모델을 제공하며, 또 그만한 가능성을 심어준다. 앞서 여러 가지 예에서 볼 수 있듯 다양한 방식의 동기부여와 지원을 하는 것이다. 의사가 많은 집안에 또 의사가 생기고, 변호사가 많은 집안에 또 법대를 지망하는 아이들이 생기는 이유가 그것이다.

그렇다면 이렇다 내세울 것 없는 평범한 집에서 태어난 대부분의 아이들은 어떻게 해야 하는 걸까. 개천에서 용 나기는 글렀다고 진작에 포기해야 하는 걸까. 이에 대해 일본 교육계에서 45년간 몸담아온 교육학자 히라이 노부요시는 이렇게 말한다.

"아이들은 태어날 때 모두다 천재의 가능성을 갖고 태어난다. 그 차이를 만드는 것은 결국 부모의 관심과 사랑이다."

비록 평범한 환경에서 태어났더라도 부모가 아이의 재능과 호기심에 대해 지속적인 애정과 관심을 갖는다면 훌륭한 인재가 될 수 있다고 그는 강조한다. 이것은 아이들을 모두 변호사, 의사로 만들자는 것이 아니라 각각이 지닌 재능과 개성을 마음껏 발휘할 수 있도록 그 가능성을 부모가 제공해야 한다는 말이다. 다시 말해 문제는 부모의 경제적인 능력이 아니라 아이의 미래에 대한 부모의 적극적인 관심인 것이다.

나아가 구체적으로 장래 희망이나 사회적인 역할 모델에 대한 조언은 어머니보다 아버지가 훨씬 큰 영향력을 발휘할 수 있다는 것이다. 아이들에게 엄마는 정서적인 안정감을 제공하는 존재인 한편 아버지는 사회에 대한 이미지를 제공하는 존재이기 때문이다.

관찰한 바에 의하면 아이들은 누구나 자신의 미래에 대해 막연한 불안감을 갖고 있다. 집안이 부유하거나 그렇지 못하거나, 똑똑하거나 그렇지 않거나 모두 마찬가지다. 이때 따스하고 밝은 등불을 쥐어주며 "애야, 걱정할 것 하나 없단다!"라고 말해주는 아버지를 가진 아이들은 미래에 대한 좀 더 특별한 로드맵을 그린다. 막연한 불안감을 가능성과 자신감으로 대체하는 것이다.

때문에 나는 아버지들이 아이들의 장래 희망에 대해 보다 적극적인 관심을 보이고 구체적인 조언을 해주어야 한다고 생각한다. 어머니가 잔소리를 하며 "성적 좀 올려라!"라고 말하는 것과 아버지가 아이와 함께 서울대 캠퍼스를 한나절 거니는 것은 동기부여 측면에서 질적으로 다르다. 아이가 의술에 관심이 있다면 한두 다리 건너 알고 있더라도 '의사 선생님'과 함께하는 식사자리를 마련해 줄 수도 있고, 서점에 함께 나가 관련 서적을 들추어보는 것도 큰 힘이 된다. 아이가 관심 있는 분야의 신문을 꾸준히 스크랩해서 함께 보는 것도 아이가 자신의 꿈을 구체화하는 것에 더없이 큰 도움이 된다.

이처럼 아이들이 지니고 있는 미래에 대한 불안감을 자신감으로 바꿔 도전하도록 하는 것, 강남아빠들은 이를 첫 번째 임무로 삼고 있었다.

내 아이를 위한 강남아빠들의 특별한 교육 노하우 ❶

목표를 정하고 노력하는 아이를 격려한다

● 공부를 해야만 하는 이유와 목적을 구체적으로 조언한다. '착하다', '성실하다', '예쁘다' 등의 막연한 칭찬보다는 아이들이 자신의 꿈을 구체화할 수 있도록 환경을 만들어 주어야 한다.

● 꼭 공부가 아니어도 좋다. 자녀가 악기를 배우기로 작정하거나 한 달에 몇 권의 책을 읽기로 마음먹었다면 격려를 아끼지 마라. 열심히 응원해 주어라. 만일 아이가 중도에서 포기한다면 그 원인을 분석해 다시 같은 일이 발생하지 않도록 교훈을 주어야 한다.

● "난 해낼 수 있어!" 이런 말을 하루에 수십 번씩 입에 달고 사는 아이가 되게 하라.

아빠의 시행착오를
대물림하지 마라

입시를 준비하는 아이들을 볼 때마다 늘 아쉬운 것이 있다. 성적에만 목을 맬 줄 알았지, 정작 그 성적으로 갈 수 있는 대학을 졸업하고 무슨 일을 할까 하는 고민은 아이들에게 없다는 것이다. 아이들은 법을 전공하면 변호사가 될 수 있고, 의대에 가면 의사가 될 수 있다는 단편적인 정보만을 가진 채 학과를 선택한다. 어떤 경우에는 그날의 입시 지원 현황을 살펴 현장에서 즉석으로 입시 원서를 작성하기도 한다. 대학에 들어간 많은 아이들이 다시 입시를 준비하는 것도 바로 이 때문이다. 특히 문·이과 교차지원이 가능했을 때에는 어처구니없는 상황이 비일비재하게 일어났다.

영문과를 생각하며 공부했던 아이가 성적이 잘 나왔다는 이유 하나로 의대에 진학하기도 했고, 물리의 기본공식을 이해하지 못한 아이가 공대에 들어가기도 했다.

PV=nRT라는 이상 기체 상태 방정식은 온도와 압력, 부피의 관계를 설명하는 공식이다. 이과생들에게는 곱셈, 나눗셈을 하기 위한 구구단 같은 필수 공식이다. 그런데 문과를 전공했던 아이들은 백치 같은 표정으로 앉아 있어서 강의 시간 교수를 아연실색하게 만들었다. 문제는 이런 학생들이 한두 명이 아니었다는 것이다. 교수는 답답한 장벽 같은 그 아이들을 앞에 놓고 자신의 머리카락이라도 쥐어뜯고 싶은 충동을 느꼈다고 한다. 우리나라 입시제도가 동네북이 될 수밖에 없는 이유다.

대학교 1학년을 마치고 자퇴하는 아이들은 수도 없이 많다. 3학년까지 다니고도 이제는 더 이상 못 참겠다고 나온 여학생도 있었다. 군대를 제대하고 개인적으로 다시 입시를 준비하는 남학생은 너무 흔한 예이다. 이는 입시 준비에 쫓긴 학교에서 아이들의 진로를 위한 직업 교육을 별도로 마련하지 않기 때문이다.

학교에서 직업에 대해 아이들에게 알리는 일이라고는 단지 학교 출신의 유명인사가 학교를 찾아와서 자신의 일을 소개하는 게 전부다. 그러므로 아이들의 전공이나 직업 선택에 있어 부모들의 영향은 절대적일 수밖에 없다.

그러나 자녀들의 진로에 절대적인 영향을 미칠 부모들조차 다양한 정보와 확신이 없다는 데 문제점이 있다. 대부분 자신이 공부하거나 일하고 있는 분야 또는 지인들을 통해 전해들은 정보만을 아이들에게 전해 줄 뿐이다. 이러한 단편적인 정보만으로 아이들이 스스로의 미래를 결정할 수는 없다. 때문에 자식의 직업 선택에 관심을 둔 강남아빠들은 아이들에게 인턴십을 권하기도 한다.

경민이의 아버지 역시 아들이 다양한 직업을 직접 경험할 수 있도록 중3 때부터 방학마다 2~3주씩 인턴 근무를 할 수 있도록 배려했다.

"저는 경민이가 하루빨리 자신의 적성에 맞는 직업을 찾았으면 했습니다. 결국 어떤 인생을 살 것인가 하는 문제는 어떤 직업을 갖고 사느냐에 해답이 있으니까요. 그런데 중학교 3학년이 되었는데도 경민이는 하고 싶은 일이 없더라고요. 큰일이다 싶었지요. 그렇다고 강요하고 싶지는 않았습니다. 직업이라는 것이 부모가 강요해서 되는 일이 아니니까요. 부모의 권유로 유망하다는 의사를 선택하고는 20년 이상 자신의 직업을 혐오하며 살아온 친구를 알고 있습니다. 남들이 부러워하는 좋은 직업을 가졌지만 그다지 행복해 보이지 않더군요. 이런 저런 생각 끝에 판단내린 것이 인턴십, 다시 말해 아르바이트였습니다."

경민이의 미래를 염려하며 아버지가 택한 방법은 어떤 특정한 직업을 권하는 대신 아들이 직접 부딪쳐 보도록 한 것이었다. 주변에서는 중학생에게 무슨 아르바이트를 시키느냐며 걱정했지만 아버지의 생각은 달랐다. 경민이가 하고 싶은 일을 찾으면 공부도 그만큼 열심히 할 것이라고 믿었다. 떨어진 공부는 그때 해도 늦지 않는다는 판단이었다.

"수많은 추측이 난무하지만 10년 후에 어떤 직업이 유망할지 사실 아무도 장담하지 못합니다. 결국 경민이가 자신의 미래를 행복하게 꾸리는 방법은 자신의 적성에 맞는, 스스로가 원하는 일을 하는 것 아니겠습니까. 저 역시 주변의 이런 저런 권유에 밀려 다소 시행착오를 겪다 저 자신의 판단을 최대한 존중해야 한다는 것을 뒤늦게 깨달았거든요. 그런 면에서 경민이가 저와 같은 시행착오를 겪지 않기를 바랄 뿐입니다. 그것이 아버지인 제가 경민이에게 해주어야 할 몫인 것 같습니다. 제가 했던 시행착오를 경민이가 반복하고, 또 비슷한 일을 경민이의 아이들이 반복한다면 부모라는 것이 무슨 의미가 있겠습니까."

결국 아버지는 경민이가 흥미를 느낄 수 있는 분야를 찾도록 다양한 인맥을 활용하여 경민이의 아르바이트 자리를 마련했다. 여름방학과 겨울방학을 이용한 일명 '체험, 삶의 현장'은 고2 여름방학 때까지 이어졌다. 덕분에 경민이는 방송국, 병원, 의학연구소, 게임회사, 출판사 등 다양한 일터를 경험할 수 있었다. 다행히 경민이는 이러한 경험을 무척이나 흥미로워했다. 새로운 체험을 할 때마다 그곳에서 찍은 사진과 함께 변화된 자신의 생각들을 신나게 이야기하곤 했다.

"매번 느끼지만 현장에 가보면 제가 머릿속으로 상상하던 곳과 너무나 달라요. 방송국에서 음악 프로 만드는 것을 본 후로는 방송국에 대한 환상이 없어졌어요. PD는 딱 공사판 막일꾼이더라고요. 정리되고 안정적 스타일을 좋아하는 제가 할 일은 아닌 것 같았어요. 의학 관련 연구소에서도 일한 적이 있었는데 과학적으로 관리되지 않아서 실망했을 뿐만 아니라 바깥 세상과 단절된 곳에서 사는 것 같은 느낌이 들었어요."

아버지의 판단은 확실히 옳았다. 경민이는 이 학원 저 학원 학원순례를 하는 아이들과 확실히 달랐다. 직업을 판단하는 눈도 날카로웠고, 어른 세계에 대한 이해도 빨랐다. 직업에 대한 막연한 환상이나 고정관념 대신 자신의 진로를 보다 구체적으로 설계하는 학생이었다.

경민이는 의대도 가고 싶어했지만 결국 엔지니어가 되기 위한 목표를 위해 공대 진학 결심을 굳혔다. 컴퓨터와 음악을 유난히 좋아했던 경민이는 음악을 활용하는 엔지니어가 되겠다는 구체적인 목표를 정한 것이다. 전공을 일찌감치 정해 원하는 대학에 무난히 입학한 경민이는 자신의 선택에 100퍼센트 만족하고 있다.

"미래가 확실해지니 저에게 도움되는 경험이 어떤 것인지 확실해지더라고요. 교양과목을 선택할 때도 기준이 확실해지고요. 그런데 모두가 선망하는 대학이나 인기학과에 들어간 친구들은 방황하고 불안해 해요. 그런 면에서 저는 운이 좋은 편이에요."

아버지도 이제 경민이의 미래에 대한 걱정은 하지 않는다.

"아이가 좋아하는 일을 찾았으니 무엇을 하든 먹고 살겠지요. 10대 시절 자신이 꿈꾸는 일을 시작한 사람과 20대 또는 30대에 뭔가를 발견하고 그제야 시동을 거는 사람의 인생은 질적으로 다릅니다. 만약 실수나 실패를 한다 해도 그 충격의 폭은 다른 아이들보다 훨씬 적을 겁니다. 시행착오를 최대한 줄일 수 있도록 도움을 주는 것은 먼저 사회경험을 한 아버지가 해야 할 일 같아요."

10년 후를 내다보는 자녀의 진로계획은 바로 아버지의 관심 속에 있다. 책상 앞에 오래 앉아 있다고 해서 아이의 미래가 마냥 밝으리라는 것은 부모들의 착각이다.

내 아이를 위한 강남아빠들의 특별한 교육 노하우 ❷

아빠의 사회경험으로 아이의 시행착오를 줄인다

- 강남아빠들은 성공적인 인생을 꾸리는 데 직업선택이 무엇보다 중요하다고 생각한다. 그리고 이를 자녀교육의 최대 화두로 삼고 있다.
- 이들은 자녀들이 하루라도 빨리 인생의 목표를 정해 열정을 불태울 수 있도록 곁에서 조력자가 되고자 한다.
- 별다른 꿈도 없이 소중한 청소년기를 어영부영 허비하는 것은 '인생의 최대 낭비'라고 한결같이 입을 모은다. 자신들이 겪은 시행착오만으로도 충분하다는 것이다.

자퇴를 원하는 아이에게
책임을 알려준다

학교를 떠나는 아이들이 늘고 있다. 비행청소년들의 이야기가 아니다. 검정고시를 통해 국내 대학에 입학하려는 아이들과 해외유학길에 오르는 아이들이 점차 많아진다는 이야기다. 어른들의 생각과는 달리 요즘 아이들에게 '고등학교 졸업장'은 별다른 의미가 없다. 이러한 상황에서 내신 성적 실질반영 비율을 30퍼센트 이상 유지해 달라는 교육인적자원부의 권고 사항(2007년 11월 현재)은 아이들에게 자퇴를 권하는 또 다른 말로 들린다. 현행 입시 제도를 "내신 성적이 좋지 않으면 대학에 갈 생각은 하지도 말라"는 뜻으로 받아들인 탓에 실제로 고등학교 1, 2학년 내신이 만족스럽지 않았던 고3 아이들 중에는 자퇴를 결심하는 아이들이 적지 않다. 내신에 신경 쓰지 않아도 되는 검정고시에 도전하겠다는 것이다. 고3, 1년 동안만이라도 내신 관리에 대한 부담을 줄여보겠다는 계산도 깔려 있다.

"논술해라, 내신도 잘 관리해라, 수능을 위한 준비도 해라."

이 모든 걸 감당하느니 내신 부담이 없는 고등학교 중퇴자 신분이 되겠다는 아이들의 생각은 옳은가 그른가를 떠나 안쓰러울 정도다.

검정고시를 반대하는 어른들 가운데 친구 간의 우정이나 추억을 논하는 분들이 있다. 하지만 내신관리에 바쁜 요즘 아이들에게 우정이나 추억을 쌓을 시간 따위는 없다. 내신관리란 단순히 기말고사, 중간고사만 신경 쓰면 되는 간단한 문제가 아니다. 수행평가라고 해서 각 과목의 쪽지시험, 연대표 작성과 같은 사소한 숙제나 그룹별 연구과제 그리고 예체능 과목의 실기테스트까지 크고 작은 모든 것이 평가의 대상에 오른다. 이렇게 이 과목 저 과목 수행평가를 치르고 나면 어느새 중간시험이나 기말시험 준비로 들어가야 한다. 이러한 내신관리와 함께 당연히 학기 사이사이에 모의고사도 치러야 한다. 그러고는 전국 등수가 나오는 성적표를 받는다.

옆에서 지켜보기 가여울 정도로 아이들은 단 한순간도 긴장을 내려놓지 못한다. 하루하루 시험의 연속이다. 오죽하면 고교 3년을 '지옥에서 보낸 한철'이라고 부르겠는가. 시험으로 아무리 체질이 다져진 아이들이라도 지칠 수밖에 없다. 친구도 적이자 경쟁자다. 상황이 이러하니 학교를 다니며 무슨 우정을 쌓고 추억을 만들겠는가.

아이들은 내신 성적을 많이 반영하는 학교가 있으면, 당연히 수능 점수나 기타 논술, 면접 등의 비중을 높여 반영하는 학교도 있어야 한다고 생각한다. 그리고 그 학교들의 비율이 균형을 이루기를 바란다. 하지만 현실은 그렇지 않다. 내신과 수능 점수 두 마리 토끼를 한꺼번에 잡기를 권한다. 이러한 입시 제도의 성격을 잘 파악하고 있는 강남엄마들은 오히려 아이들에게 자퇴를 권하기도 한다. 내신 등급과 모의고사 등급을 계속 지켜보다가 2학년 2학기가 되면 부모와 아이가 함께 결심을 하게 된다. 아이 입장에서는 학교에서 나온다는 후련함과 친구들과 떨어진다는 섭섭함, 불안함이 함께 공존하는 복잡한 심리 상황을 맞게 된다. 자퇴한 아이들을 받아준다는 학원을 찾아가 상담을 하며 부모와 학생이 함께 위안을 받고 그러면서 그 상황에 적응하기 시작한다. 하지만 아버지들은 그 과정이 다소 다르다.

현수 역시 검정고시를 심각하게 고려했다. 그것도 중3 때 말이다. 현수는 고등학교 진학 자체를 거부한 아이다. 총명하고 공부 욕심도 많았던 현수는 이미 중학교 때부터 수행평가에 신경을 곤두세우곤 했다. 현수의 취약점인 음악, 미술, 체육 등의 실기가 포함된 수행평가가 있을 때면 평소보다 더욱 철저하게 준비하곤 했다. 그래도 시원찮은 점수를 받아서 원하는 등수를 얻지 못했다. 현수는 이러한 스트레스를 고등학교 3년 동안 다시 반복한다고 생각하니 무척 답답했다. 여기에는 몇몇 선생님들의 불합리하고도 주관적인 평가에 대한 거부감도 작용했다. 예체능 수행평가가 아니라면 현수는 전교 10위 권 내의 성적을 받을 수 있는 아이였다.

결국 현수는 고등학교 진학을 거부하고 말았다. 현수만큼이나 수행평가에 골머리를 앓던 어머니도 이런 현수의 결정에 놀라기는 했지만 크게 반대하지 않았다. 문제는 아버지였다. 아버지는 이제 막 중학교를 졸업한 아들이 고등학교에 가지 않겠다고 하니 이게 무슨 헛소리인가 싶었다. 아들의 교육을 어떻게 했느냐며 아내를 질타하고 싶었지만 한수 접고 우선 현수에게 자초지종을 물었다.

"검정고시를 선택하는 가장 큰 이유가 뭐니?"

현수는 또박또박 자신의 의견을 밝혔다.

"우선 3년이란 시간이 제겐 너무 길어요. 입시과목에 필요한 과목만 공부한다면 2년 안에 제가 원하는 대학에 진학할 수 있을 것 같아요."

"줄이고 나선? 그 다음은?"

"한국에서 전문의 과정을 마친 다음 외국에서도 활동할 수 있는 여건을 만들어 볼 생각이에요. 그리고 기회가 되면 한의학도 공부할 거예요. 한·양방을 다 볼 줄 아는 의사가 되고 싶어요. 한국뿐 아니라 외국에서도 활동할 수 있는 의사가 되고 싶어요."

"그게 전부냐?"

"다른 한 가지는 고등학교에 들어가면 피해갈 수 없는 게 내신인데 저는 그 평가가 매우 불합리하다고 생각해요. 수행평가 제도도 저에게 유리하지 않고요."

"결국 어려운 걸 피해가자는 의도 아니니?"

"아니에요, 아버지!"

현수는 예체능의 성적을 뺀 후의 성적표를 아버지께 보여드렸다. 확연한 차이였다. 그리고 준비한 주요 의대의 입학 자료도 보여드렸다. 신입생 가운데 검정고시 출신 비율에 대한 자료였다.

"단지 제게 맞지 않는 것을 하려고 시간을 소모하느니 제가 잘할 수 있는 부분에 집중하겠다는 거예요. 저는 노래나 그림을 점수 따기 위해서 하는 건 정말 싫어요. 음악이나 미술은 즐기면서 하고 싶어요."

아버지 고개를 끄덕이기 시작하셨다.

"고등학교 때 누릴 수 있는 학교생활이나 친구들을 모두 포기할 수 있니?"

"하나를 얻을 수 있다면 마땅히 잃는 것도 있다고 하셨잖아요. 좋은 친구는 대학에서도 얼마든지 만날 수 있다고 생각해요."

"만약에 네 생각대로 되지 않는다면 어쩔 테냐?"

"안 될 수도 있다는 낮은 가능성 때문에 제 뜻을 접고 싶지 않아요. 고등학교 3년 동안 후회하면서 다니는 것보다 최선을 선택하는 게 옳다고 생각해요. 1년 안에 마치도록 최선을 다하겠지만, 절대로 2년은 넘기지 않도록 할게요."

아버지는 마지막 카드를 내밀었다.

"고등학교를 1년 정도 다녀보고, 다시 생각해 보는 것은 어떠니?"

"시간낭비예요."

아버지는 현수의 얼굴에서 강한 의지를 읽었다. 하지만 아버지는 현수에게 또 다른 조건을 내걸었다.

아버지는 현수에게 1주일의 여유를 주었다. 1주일 후에 고등학교에 진학하지 않는다면 하루를 어떻게 사용할 것인지를 명시한 하루 일과표와 1년의 계획표를 모두 짜서 가져오라고 했다. 학원은 어디를 다닐 것인지 어떻게 다닐 것인지에 대한 구체적인 계획도 주문했다. 이 모든 것을 점검한 뒤에 최종 결정을 내리겠다고 말했다.

아버지의 말씀에 따라 현수는 수능에 필요한 과목들을 분석하고, 이를 위한 1년 스케줄을 짰다. 학원과 인터넷 강의 등을 알아보며 하루 계획표도 세밀하게 작성했다. 우선 월 단위의 계획표를 만들고 그 다음에 하루 계획표를 만들었다. 계획표에는 어떤 과목을 어떤 교재로 공부할 것인지에 대한 세부 내용도 첨가했다.

나는 현수가 필요로 하는 것을 최대한 도와주었고 교재에 대한 정보도 아낌없이 주었다. 자신의 진로를 위해서 그토록 열심히 준비하는 열여섯 살짜리 학생은 난생 처음이었으니 그럴 만도 했다. 꼬박 1주일 밤낮이 걸렸다. 아버지는 현수의 계획표를 낱낱이 검토했고, 결국 다음날 자퇴를 허락했다.

그러고는 아내에게 일임했던 예전과는 다르게 적극적으로 아들을 지원하기 시작했다. 조부모와 함께 사는 집안 환경이 현수에게 어수선하리라는 판단에 따라 집 근처에 오피스텔을 구해 주었다. 그리고 책과 책장 그리고 간단한 운동기구도 설치해 주었다.

다음으로 아버지는 현수에게 두바이 여행을 제안했다. 아버지와 함께한 여행에서 돌아온 현수가 말했다.

"해안가에 야자수 모양의 인공섬을 만들고, 사막에 스키장을 만든 두바이를 둘러보고 저는 제 결정이 옳았다는 확신이 들었어요. 첨단 호텔과 높은 빌딩들 사이에서 아버지는 우리나라도 두바이처럼 끊임 없이 새로운 시도를 통해 번영을 이루어야 한다고 말씀하셨어요. 저 역시 같은 생각이에요."

현수는 곧바로 입시준비에 돌입했다. 아직 중학교 졸업식도 하지 않은 중3 겨울방학 때였다.

"현수는 약속대로 열심히 공부하고 있습니다. 스케줄 관리를 정말 꼼꼼히 하면서 운동도 하고 신문도 열심히 읽고 있어요. 주말에는 학교를 다니는 친구들과 축구시합을 하기도 하고요. 아버지인 제가 봐도 대단하다고 생각할 만큼 안정적으로 스케줄을 소화하고 있어요. 현수를 보면서 정말 우리 때와는 다르구나 하는 생각이 듭니다. 덕분에 저도 아들의 비전이나 우리나라 교육현실에 눈뜨기 시작했습니다."

그 당시 현수 아버지의 말이다. 현수 아버지는 개성과 적성이 제각 각인 아이들을 모두 같은 교육제도 아래 획일적으로 편입시켜 평가 하는 것은 낡은 방식임을 절감하고 있었다. 아이들의 비전과 욕구를 최대한 끌어낼 수 있는 것이 최고의 교육방식인 것 같다고 말했다.

맞는 말이다. 하지만 여기에서 가장 중요한 것은 부모의 판단력이다. 자녀의 성향에 대한 충분한 검토와 이해 없이 대학입시에 유리하다며 무조건 학교를 그만두게 하는 것은 옳지 않다.

그리고 어떤 선택을 했건 그것은 부모와 아이들의 공동 책임이다. 현수 아버지가 빛났던 것은 무슨 일이 있어도 현수의 선택을 비난하거나 후회하지 않았던 것이다. 현수가 때로 슬럼프에 빠지거나 힘들어 해도 "내가 그러기에 뭐라 그랬어"라는 질책의 말 대신 오히려 격려하고 힘이 되어 주었다.

선택에는 책임이 따른다는 것은 아이 교육에 관한 한 아이와 부모가 공동운명체인 셈이다. 그런 면에서 강남아빠들은 자녀들의 선택에 대해서 일단 찬성하면 절대 뒤돌아보지 않고 후원한다. 대신 그 선택을 하기까지 아이가 최선을 다했는지, 또 그 선택을 책임질 수 있는지 따져보는 일에 그 무엇보다 엄격한 것이 강남아빠였다.

내 아이를 위한 강남아빠들의 특별한 교육 노하우 ❸

아이들의 고민을 진지하게 받아들인다

● 아이들이 작정하고 고민을 말하면 "별거 아니네, 그게 무슨 고민이냐?" 하고 말하는 부모들이 있다. 아이들에게 이러한 대화법은 피하는 게 좋다. 아이들의 세계와 어른들의 그것은 다르기 때문이다. 대신 "아버지도 네 나이 때는 똑같았다"라며 아이들이 자연스럽게 말문을 틀 수 있도록 해야 한다.

12년 함께한 엄마보다 아빠의
수능전략이 더 먹히는 이유

진학상담을 하다 보면 어머니만 나서는 경우와 아버지가 함께 고민하는 집의 경우를 두루 경험하게 된다. 그런데 그 차이는 확연하다. 어머니 혼자서 전전긍긍하는 경우에는 주로 진학에만 초점을 맞추게 된다. 성적표를 보여주며 이 정도면 희망이 보이냐고 단도직입적으로 물어온다. 좀 힘들다고 말하면 한숨을 푹 쉬며, 부족한 과목의 성적을 올릴 만한 선생님이 있느냐고 말하는 경우가 대부분이다.

하지만 아버지가 수능 코치로 나서는 경우 스케일이 달라진다. 아버지는 먼저 자녀의 장점에 대한 분석부터 한다. 그런 다음 아버지나름대로의 방법을 갖고 접근한다. 상담할 때 1년간의 진도표를 구해서 그대로 해줄 수 있는지를 묻기도 하고, 아이들의 장단점을 일목요연하게 정리해 내게 참고하라며 건네주기도 한다. 더불어 누구의 말을 그대로 옮기거나 따르기보다는 직접 분석하고 판단하는 경향이 많다. 이러한 아버지들의 진학지도는 회사에서의 일처리 방식과 매우 흡사하다. 감정에 빠져 비관적이 되기보다는 대안을 찾고 즉각적인 해결점을 모색한다. 아버지 특유의 비즈니스 감각을 아이의 진로문제에도 그대로 적용하는 것이다.

수흔이는 사회체육을 전공하고자 하는 아이였다. 그런데 문제는 문과 공부를 하려다가 고3이 되어서야 전공을 선택한 것이었다. 서둘러 준비해야 했다. 처음에 아버지는 아들이 알아본 체육학원에 등록하도록 했다. 아들이 학교 선후배를 통해 알아본 곳이고 아내 역시 지명도 있는 곳이라고 말해준 탓이다.

6개월이 지난 어느 날 아버지는 예고 없이 학원을 방문했다. 아들의 준비가 왠지 부족하다고 판단했기 때문이다. 아들을 지도하는 강사들을 만나고 시스템을 둘러봤다. 그 결과 '아니다'라는 결정을 내렸다.

"아들이 가고자 하는 대학의 실기시험과는 다른 방향으로 지도를 하고 있더군요. 수흔이의 경우 뒤늦게 시작한 탓에 집중력을 갖고 입시준비를 해야 하는데, 일찍부터 준비한 아이들과 별 다를 것이 없이 스케줄 관리가 되더라고요. 아니다 싶었지요."

이번에는 아버지가 직접 나섰다. 주변 인맥을 동원해 체육학원 검색에 나선 것은 물론 관계자의 조언을 듣기 위해 동분서주 뛰어다녔다. 그리고 마침내 학원을 정했다. 그러나 함께했던 친구들과 강사에게 정이 들었던 수흔이는 아버지의 결정에 반발했다. 게다가 아버지가 정한 학원은 집에서 먼 곳에 있을 뿐만 아니라 유명세도 없는 곳이었다. 수흔이는 전에 없이 눈물까지 보이며 아버지에 대해 서운함을 표현했다.

"그래도 어떡합니까, 수흔이에게 도움을 줄 수 있는 학원이 아닌데요. 운다고 들어줄 일이 아니지요. 아이를 간신히 달래 학원을 옮기고 제가 직접 데려다 주었습니다."

결과는 기대 이상이었다. 처음에 기대했던 학교보다 비교할 수 없을 만큼 좋은 대학에 합격한 것이다. 수흔이도 놀랐고 아버지도 놀랐다. 그때 아버지 말씀을 듣지 않았더라면 수흔이가 이런 결과를 얻을 수 있었을까? 만약에 아버지가 나서지 않았더라면? 합격 통지서를 받은 날 수흔이는 학원을 옮기지 않겠다고 고집을 부리던 일을 두고 아버지께 진심으로 용서를 구했다.

아버지가 변리사인 지선이의 집을 찾아간 적이 있었다. 변리사라는 딱딱한 이미지와는 다르게 진솔하고 겸손했던 아버지는 상대방으로 하여금 호감을 느끼게 하는 분이셨다. 지선이 아버지는 처음부터 내게 매우 솔직한 속내를 보여주었다.

"지선이가 태어났을 때는 우리 부부 모두 일이 많았어요. 집사람도 나도 외국 출장이 많은 편이라 아이가 초등학교 5학년이 될 때까지 할머니 손에서 자랐습니다. 그래서 그런지 함께 살게 된 뒤에도 지선이는 우리를 잘 따르지 못했어요. 그래서 지선이 성적이 형편없어도 크게 나무랄 수 없었습니다. 공부하라면 책상에 엎드려 자기만 하는 애를 보고는 아이 엄마나 나나 큰 소리 한번 치지 못했거든요."

아버진 그런 지선이가 안쓰러워 시간 날 때마다 딸을 데리고 집을 나섰다. 공부는 못 해도 좋으니 운동이라도 함께하자는 생각에서였다. 겨울이면 스키를 타러 다녔고, 여름에는 수영장에 함께 가곤 했다. 일요일마다 가족이 함께 예배를 드린 후 이름난 식당을 찾아다니며 맛있는 식사를 했다. 덕분에 지선이의 성격은 성적만큼 어둡지 않았다.

수능 100일 전, 지선이의 성적은 최하위를 맴돌았다. 성적에 대한 스트레스를 먹는 걸로 해소하다 보니 지선이는 심한 비만이 되어 있었다. 그 집안에서 살이 찐 사람은 지선이 하나였다.

아버지 역시 공부에 소질 없는 아이를 닦달하는 것 같아 대학 보내는 걸 포기할까도 고민했다. 하지만 아이 인생에 평생 멍에로 남을까 봐 걱정이 되어 마지막이라 생각하고 아버지가 직접 나서서 학원을 물색했다. 그리고 내게 도움을 요청한 것이다. 하지만 지선이의 집은 내가 강의를 진행하던 학원에서 멀어도 너무 멀었다. 나는 선뜻 내 강의를 들으라는 말을 못하고 머뭇거릴 수밖에 없었다.

"그럼, 이렇게 하면 어떨까요? 지선이를 수능시험 때까지 선생님 댁 근처에 묵게 하겠습니다. 선생님이 오며가며 지선이를 봐주시면 어떨까요? 그 사이 지선이는 복습을 하고요. 주말에는 선생님 학원에서 강의를 듣게 하겠습니다."

시간을 벌 수 있는 최적의 묘수였다. 나중에 알게 되었지만 이러한 방식은 회사에서 중요한 프로젝트를 진행할 때 곧잘 쓴다. 사회활동에 밝은 아버지가 아니면 생각해 내기 쉽지 않은 아이디어였다. 하지만 나로서는 어려운 결정이었다. 결국 나는 아버지의 간곡한 청에 응할 수밖에 없었다. 어머니도 아닌 아버지가 그렇게 부탁하는 일이었으니까.

이윽고 지선이 아버지의 진두지휘 아래 100일 작전에 돌입할 공부방이 급조되었다. 수능 때까지 금, 토, 일 3일을 지선이와 함께 보냈다. 지선이 아버지는 금요일마다 잊지 않고 나를 맞이하셨고, 틈틈이 과일을 보내왔다. 일요일 아침에는 부부가 함께 와 응원해 주었다.

지선이와 함께한 100일 동안 나는 누워서 잠을 자본 기억이 없다. 지선이가 눈을 붙이는 시간에도 문제를 뽑느라 수십 권의 문제집을 앞에 놓고 날밤을 세웠다. 정작 지선이의 수능시험이 끝나고 난 뒤 나는 몇날며칠을 고열에 시달리다 결국 병원 신세까지 져야 했다. 지선이는 무사히 시험을 치렀고 다행히 원하는 대학에 합격할 수 있었다.

무엇 때문에 내가 그리도 마음 졸이며 아이를 위해 헌신했을까. 바로 아버지 때문이었다. 내가 최선을 다하게끔 아니 그 이상을 자신의 딸에게 쏟아 붓도록 지선이 아버지는 나를 움직였다. 지극한 아버지의 정성에 감동해서 내 모든 관심과 열정을 지선이에게 쏟아 부었던 것이다. 뒷짐만 지고 어떡하나 보자 하는 아버지였다면 나는 그렇게까지 열정을 쏟지 못했을 것이다.

내 아이를 위한 강남아빠들의 특별한 교육 노하우 ❹

사회생활에서 얻은 아이디어를 수능전략에 응용한다

● 아버지의 오랜 사회생활로 갈고닦은 통찰력과 문제해결 방식이 자녀교육에 적용되면 실로 대단한 위력을 발휘한다.

아빠가 전수하는 공부기술은
동기부여가 핵심이다

입시를 앞둔 대한민국 부모들에게 '사교육 만능주의'가 자리 잡은 것은 이미 오래다. 하지만 부모들은 사교육의 병폐를 애써 무시하려 든다. 안 하는 것보다 하는 것이 나을 것이라는 막연한 믿음 때문이다.

나 역시 사교육 현장에 있는 사람이지만 부모들의 이러한 사교육에 대한 믿음은 도를 넘어선 것이 아닌가 하여 답답할 때가 한두 번이 아니다. 사교육으로 길들여진 아이들은 마치 병원균에 대항할 항체가 없는 어린아이와 비슷하다. 조급해 하는 부모들에게 나는 늘 이렇게 말하곤 한다.

"아이의 실력이 만족스럽지 않더라도 조금 기다려 주세요. 혼자서 이 문제집, 저 문제집 풀면서, '아! 이 식은 이렇게 활용하는구나, 이것은 이렇게 해석해야 하는구나!' 하고 스스로 문제해결 능력을 키울 시간을 주어야 합니다. 문제가 풀리고 난 후의 짜릿함을 느껴야 아이들이 공부에 재미를 붙일 수 있습니다. 과외선생에게 의존하는 아이는 늘 누군가의 도움을 받지 않고는 공부할 수 없어요."

물론 사교육의 도움을 받는 게 효율적일 때도 있다. 아이가 공부방법을 몰라 애를 먹거나 혼자 공부하는 데 시간이 많이 걸릴 경우, 초반에 공부습관을 잡아줄 선생이 있으면 한결 수월하다. 또 고3이 되어 수능계획표를 짜는 것도 관련 분야에 경험 많은 전문가들이 있다면 꽤 도움이 된다. 하지만 최종적으로는 아이 스스로 공부하고 문제를 해결해 나가는 능력이 절대적으로 중요하다.

무조건 사교육에만 의존하지 말고 부모가 직접 나설 수 있는 게 있는지 찾아보라고 권하는 것도 이 때문이다. 아이들에게 필요한 건 '정답을 푸는 기술'이 아니라 '공부를 파고드는 호기심과 열정'이기 때문이다. 강남아빠들은 이를 가장 효과적으로 이끌어줄 수 있는 사람은 값비싼 과외선생이 아니라 바로 부모 자신이라는 사실을 알고 있는 듯했다.

강남아이들을 겪으며, 그 바쁜 시간을 쪼개어 아이들을 책상에 앉혀 직접 공부를 가르쳐주는 아빠들이 적지 않다는 사실에 놀란 적이 한두 번이 아니었기 때문이다. 이들은 초등학교에서 대학교 또는 대학원까지 본인들이 갈고 닦은 효율적인 공부의 기술을 아이에게 직접 전수하기를 마다하지 않았다.

"학창 시절 성적이 남달리 좋았던 것은 아닙니다. 영어공부도 직장에 들어가서야 부랴부랴 다시 붙잡았죠. 그러면서 '아, 내가 머리가 나빴던 것이 아니라 학교에서 공부 방법을 제대로 알려주지 못했구나' 라는 생각이 들더라고요. 우리 아이들 역시 다르지 않을 것이라고 생각했어요. 제가 어렵게 익힌 공부의 기술을 알려줘서 효율적으로 공부할 수 있도록 돕고 싶었어요."

이러한 아버지 덕분에 혜미네 집은 그 흔한 영어 사교육 한번 하지 않고 아이들을 키우고 있다. 바로 아버지가 영어를 책임지고 있기 때문이다. 큰딸 혜미가 초등학생이 된 시절부터 시작되었던 아버지의 영어 선생님 노릇은 10여 년이 지난 지금도 여전하다. 아버지는 중3이 된 혜미는 물론 초등학생이 된 둘째의 영어공부까지 맡고 있다. 그렇다고 교과서를 끼고 가르치는 것은 아니다.

"아버지가 아침에 그날 외워야 할 단어와 숙어를 과제로 내주세요. 그럼, 우린 낮에 짬짬이 공부를 하고 그날 저녁에 밥 먹으면서 아버지께 테스트 받아요. 동생이랑 저랑 서로 대답하려고 무지 시끄럽죠. 그게 우리 방식이에요. 그렇게 하면 1년에 단어집 서너 권은 끝낼 수 있어요. 그리고 주말이면 시간을 더 내서 리스닝 공부도 하고, 회화도 아버지랑 함께해요."

혜미는 덕분에 영어에 대한 즐거운 호기심을 가질 수 있었다고 말한다.

"영어공부를 하며 제일 잘못하는 것이 암기식 교육방법이라는 것을 알았어요. 외국어는 즐겁게 호기심을 갖고 해야죠. '이런 건 뭐라고 표현할까? 이럴 때는 뭐라고 말할까?' 그런 교습방식을 시간당 가격이 매겨지는 사교육 선생한테 기대할 수는 없는 일이죠."

혜미 아빠는 아이가 가장 즐겁게 영어에 접근할 수 있는 방식을 늘 고민했다. 그리하여 혜미네 거실 한 편에 놓여 있는 칠판에는 공부 스케줄표가 적혀 있다. 거실 한 편에는 부녀가 영어 테이프를 틀어놓고 공부할 수 있도록 오디오가 설치되어 있다. 영어공부 외에도 아이들은 수행평가 때문에 어려움을 겪게 되면 사교육을 청하는 대신 아버지에게 제일 먼저 달려간다고 한다. 이러한 아빠 덕분에 혜미는 뛰어난 영어 실력 이외에 특출난 자신감까지 덤으로 얻게 되었다.

"아버지와 함께 문제를 풀며 배운 것은 자신감이에요. 아빠는 세상에 풀지 못할 문제는 없다고 늘 말씀해 주셨어요. 그리고 처음엔 손도 못 댈 것 같은 문제들이 아버지의 조언을 통해 차츰 해결되는 걸 경험했거든요. 이젠 아무리 어려운 과제가 나와도 별로 무섭지 않아요. 해보자 하는 생각이 먼저 들거든요."

이렇듯 아버지와 책상에 마주 앉은 아이들은 단순히 해당 과목의 지식뿐만 아니라 공부에 임하는 태도 자체를 배운다. 집중력과 자신감, 문제에 접근하는 방식 등이다. 그렇다고 이들 강남아빠들이 모든 과목에 만능인 '수재들'은 결코 아니다.

"중학교 때까지는 정답을 보지 않고도 풀어 주셨는데, 고등학교 수학은 어려워하시더라고요."

이렇게 말하는 현호 역시 방학 때 잠깐씩 다닌 학원을 제외하고는 중·고등학교 6년 내내 과외란 것을 모르고 살아온 아이다. 값비싼 과외 없이 아버지와 함께 공부한 것만으로 대학에 들어간 경우다. 물론 아버지가 모든 과목을 전부 지도해 준 것은 아니다. 함께한 것은 수학뿐이었지만 이로 인해 공부하는 법을 익힌 현호는 다른 과목까지 만능이 되었다. 현호의 아버지는 수학을 전공한 분도 아니었다. 하지만 모르는 문제라도 끝까지 물고 늘어지며 답을 구하려는 아버지의 자세가 현호에게 큰 도움이 되었다고 한다.

"고등학교에 올라오니 아버지가 풀어주는 문제보다 못 푸는 문제가 많아졌어요. 그런데 오히려 그것이 저에게 많은 도움을 준 것 같아요. 아버지와 함께 답을 찾으려고 여러 번 시도하는 과정 속에서 문제해결 비법을 터득했거든요. 헤매다가 문제를 풀었을 때의 희열이 얼마나 대단한지 아세요? 한번 어려운 문제가 풀리면 그 비슷한 문제는 식은 죽 먹기가 되니까요."

이렇게 아버지와 함께한 시간은 공부습관을 기르는 데도 큰 도움이 되었다.

"저는 현호에게 무엇보다 예습과 복습의 중요성을 강조했어요. 이를 제대로 하려면 규칙적인 시간관리를 해야 한다고 했지요. 워낙 어릴 때부터 예습·복습을 강조한 덕분인지 현호도 당연히 그렇게 해야 한다고 생각하더라고요. 덕분에 사교육비가 많이 절감됐습니다. 제가 현호에게 직접 공부를 가르쳐 주려고 한 것도 공부 습관을 일깨우기 위한 방법이었습니다. 습관은 과외선생님들이 가르친다고 되는 것이 아니잖아요."

덕분에 한번 계획을 정했으면 무슨 일이 있어도 정해진 시간에 규칙적으로 공부해야 한다는 것이 현호의 공부 철칙이 되었다.

자녀들의 학습지도에 나선 강남아빠들은 이렇듯 단순히 성적 올리기에만 급급하지 않는다. 아이들이 공부에 필요한 '무형의 자산'을 얻을 수 있도록 그 방법을 제시하는 데 더 큰 열정을 쏟는다. 아이가 흥미를 갖고 공부습관과 지적 호기심을 가질 수 있도록 말이다.

철호 아버지 역시 중학생인 아들의 수학과 과학을 책임지고 있었다. 그 첫출발은 관찰일지였다. 철호 집에서는 여러 종류의 동물과 곤충을 기르고 있었다. 철호는 집에서 기르는 동물과 곤충을 관찰하고 일지를 적었다. 아이의 관심사를 일찍 눈치 챈 아버지가 제안한 것이다. 유치원 때부터 길러본 각양각색의 동물 관찰일지만 수십 권이었다. 철호 어머니는 동물과 곤충을 키우는 게 반갑지는 않았다고 했다.

"저는 동물을 싫어해요. 그런데 아이가 좋아하니까 애 아빠가 나서더라고요. 집에서 별걸 다 키웠어요. 햄스터나 고슴도치는 양반이지요. 나비가 되는 걸 보겠다고 애벌레도 수십 마리 키웠는데, 그 중한 마리가 화장대 서랍에서 스멀스멀 기어 나와 기절초풍한 적도 있어요. 징그러운 파충류에 이구아나까지. 새장도 여러 개예요. 철호하고 아빠가 아예 집을 동물원으로 만들었어요."

나도 그 관찰일지를 본 적이 있다. 삐뚤빼뚤한 글씨로 동물의 생태에 관해 이모저모 기록해 둔 노트부터, 제법 형식을 갖춘 관찰일지까지 매우 다양했다. 철호의 꿈은 수의사였다. 이렇게 자란 아이가 수의사가 안 되는 것이 더 이상한 일이다. 철호 아버지는 특정한 과목의 지식이나 성적보다는 아이들에게 지적 호기심을 일깨워 주는 일을 우선으로 삼았다. 이 역시 과외선생이 쉽게 알려줄 수 없는 덕목이다.

이처럼 아이들에게 학습 지도를 하는 강남아빠들의 속내는 단순히 아이들의 성적을 올리겠다는 '눈앞의 목적', 즉 성적 향상에만 있지 않다. 이들은 아이들에게 공부에 필요한 여러 가지 덕목과 규칙들을 가르친다. 작게는 매일 일정한 시간에 책상에 앉아 있을 수 있는 끈기와 크게는 모든 문제에는 해답이 있다는 인생의 규칙까지 다양하다.

아이들 역시 책상 앞에서 아빠와 함께 마주하며 단순히 문제 푸는 기술뿐만 아니라 공부에 필요한 다양한 '근력'을 익힌다. 그러나 무엇보다 소중한 것은 이러한 과정 속에서 아버지의 사랑과 관심을 깊게 느낀다는 것이다. 표현은 하지 않지만 아버지가 바쁜 시간을 쪼개어 자신과 함께하고 있다는 그 사실 자체를 너무나도 소중하게 여긴다. 나에게 아버지와 함께 공부했다고 말하는 아이들의 목소리에서 느껴지는 자부심이 그 증거이다.

또한 아이들은 아버지가 문제를 잘 풀지 못한다고 비웃거나 우습게 여기지 않는다. 그것은 부모들의 자격지심일 뿐이다. 그 과정 자체가 소중할 뿐이다. 여기에 아빠와 함께 어려운 문제를 두고 끙끙거렸던 책상에서의 추억은 훗날 아이들에게 더없이 소중한 힘이 된다. 아버지와 함께했던 유년 시절 새벽 공부의 추억이 아침 일찍 나서는 내 신발끈을 조이게 하듯 말이다.

책상 앞에서 아버지가 아이에게 들려줄 수 있는 메시지는 무궁무진하다. 만일 자녀와 특별히 나눌 대화가 없어 낯설어 하는 아버지라면 공부지도를 핑계 삼아 한번 책상 앞에 함께 앉아보는 것도 좋은 방법이다.

이러한 제안이 한국의 바쁜 아버지들에게 부담이 될 수도 있다. 하지만 관찰한 바에 의하면 강남아빠들 역시 그리 한가한 분들은 아니었다. 임대료만으로 사는 분들도 아니었고, 제각각 자기 분야에서 둘째가라면 서러워할 정도로 치열하게 사는 분이었다. 아이들과 함께 책상에 앉는 아버지들의 특별한 점이라면 우선 순위에 아이들과 가정이 포함되어 있다는 것이었다. 이들은 하루하루가 다르게 훌쩍 커가는 아이들에게 아버지가 낯설게 느껴지지 않기를 진심으로 걱정하고 있었다. 여느 아버지들처럼 말이다.

티끌이 모여 태산이 된다는 속담을 빌지 않더라도 하루 10분 혹은 주말의 한때 이루어지는 아버지의 학습지도는 아이들 인생에 큰 자양분이 되기에 충분하다. 매번 아이들을 대하며 느끼는 것은 역시 아이들의 성적 향상을 위해 가장 절실한 건 부모의 지갑이 아니라 지속적 관심이라는 사실이다.

내 아이를 위한 강남아빠들의 특별한 교육 노하우 **5**

자녀가 말을 걸어오면 신문을 놓고 자녀를 향해 얼굴을 돌린다

● 수업만 시작하면 자신의 얘기를 끊임없이 풀어놓는 아이들이 있다. 국어시간에 발표한 이야기, 영어듣기 시험 본 이야기를 끊임없이 풀어놓는다. 그들의 공통점은? 바쁜 부모들에게서 외면당한 아이들이다. 무슨 말을 해도 TV 리모컨만 누르고 있는 아빠, 몇 시간이고 전화만 붙잡고 있는 엄마에게 자녀들은 절대 입을 열지 않는다.

사회경험 많은 아빠는
최고의 진학전문가

아이가 고3이 되면 시간 날 때마다 싫든 좋든 입시정보를 수집해야 하는 것이 대한민국 학부모들의 현실이다. 입시제도가 보통 복잡한 것이 아니기 때문이다. 발표된 입시 관련 자료만 모아도 책 한 권 분량은 금방 넘어간다. 대학마다 수능과목의 비중을 두는 방법과 논술고사의 비율도 다르며, 내신을 반영하는 방법과 비율도 모두 다르다.

오죽하면, 고3 아이들이 선망하는 부모의 유형이 '입시제도에 정통한 학부모'일까. 공부하기도 바쁜데 입시 제도까지 분석하려면 골치 아프다는 것이 아이들의 말이다. 그러므로 성공적인 대학입학을 위해선 부모와 아이가 각각의 역할을 분담해야 한다. 그래서 아이가 고3이 되는 학부모들을 만나면 나는 이렇게 말씀드린다.

"아이가 한두 번 모의고사를 치르고 성적등급이 나오면 갈 만한 대학들을 미리 미리 찾아 입시안을 확인해 두세요. 3학년 1학기 안에는 가능한 대학들의 자료를 정리하고 분석을 끝마쳐야 해요. 대학 사이트에 들어가 보면 자료를 많이 얻을 수 있어요. 또 시간이 나면 직접 찾아가 담당자에게 조언을 구하는 것도 좋은 방법이에요. 이 모든 과정을 시험을 끝내고 한다거나 담임선생님에게 맡기려 한다면 아이만 불이익을 당할 거예요. 정보의 부재에서 오는 불이익이요. 요즘은 수능도 정보 싸움이랍니다."

그리고 가능하다면 아버지가 함께할 것을 당부한다. 정보 분석에 있어서는 아버지가 어머니보다 한 수 위이기 때문이다. 경험상 아버지가 나서면 웬만한 진학전문가 열 명의 몫을 해낸다. 게다가 아버지는 그동안의 사회경험으로 어떤 대학, 어떤 과를 졸업해야 사회에서 더 괜찮을 수 있는지 빠른 판단도 내릴 수 있다.

아버지가 제외된 진학 준비는 부실한 악기를 들고 연주회에 나가는 것과 다를 바 없다. 어설픈 전문가보다 내 아이에게 최고의 애정을 갖고 달려드는 아버지가 아이에게 있어서는 최고의 전략가가 될 수 있기 때문이다.

기술사 출신의 아버지가 계셨다. 가끔 인사만 하는 정도여서 나는 그 아버지가 어떤 분인지 전혀 몰랐다. 그런데 막상 아이의 대학 원서를 작성할 때가 되자 잠자코 계시던 아버지가 팔을 걷어붙이고 앞으로 나왔다. 아이에게 관심이 없던 것이 아니라 자신이 나설 때를 기다린 것이다. 나는 이 분을 통해 입시 전략에서의 아버지의 중요성을 새삼 깨달았다.

아버지는 수능 성적이 나오자마자 그 점수가 갖는 의미를 인터넷으로 분석했다. 그리고 직접 발표된 입시안을 일일이 챙겨 정보들을 취합하고, 각 대학들을 체크해서 자신만의 데이터를 만들었다. 이틀 동안 식음을 전폐하고 잠자는 시간을 최대한 줄여 아버지가 직접 만든 데이터는 바로 '대학별 합격 기준표'였다.

그 후에는 자료를 토대로 아들의 합격선과 가까운 대학을 일일이 찾아가 입시처장과 상담을 했다. 그리고 상담한 내용들을 정리해 다시 분석했다. 합격률이 높다고 여겨지는 대학들을 2배수로 선별해, 각각 가나다 군에 원서를 냈다.

나는 아버지의 분석력에 감탄할 수밖에 없었다. 어떤 입시 관련 전문가보다 출중한 아버지였다. 보통의 부모가 하듯 사설기관에 의뢰해 원서를 쓰는 것을 아예 고려조차 하지 않았던 분이었다. 학교 담임선생님에게도 맡기지 않았다.

"아들의 인생이 달린 일을 어떻게 남에게 맡기겠어요. 물론 그렇지 않은 분들도 있지만, 자료의 신빙성을 따지지 않고 책상 앞에서 형식적으로 대학을 정해 주는 분들도 적지 않을 거예요. 우리 아들의 장래를 그렇게 결정할 수는 없었어요."

앞에서도 강조했지만 요즘에는 공부만 잘한다고 해서 원하는 대학을 갈 수 있는 것이 아니다. 대학마다 특별한 입시방안이 계속 나오고 있는 상황에서 아이에게만 입시를 맡길 수는 없는 노릇이다. 상위 0.5퍼센트의 학생을 제외하고는 입시제도 분석이 당락을 좌우하기도 한다.

이 때문에 소정이 아버지처럼 부모가 어느 정도 정리해 주고 확신을 주어야 아이가 공부에 전념할 수 있다. 아이의 성적표만 보고 무작정 "이게 뭐냐, 이걸 공부라고 한 거냐?"라고 다그쳐서는 정작 아무런 도움이 되지 않는다. 대한민국에서 자격 있는 고3 아버지 역할을 하려면 적어도 자기 아이의 학교에서 '내신 3등급'이 갖는 의미 정도는 이해할 수 있어야 한다. 소정이 아버지처럼 말이다.

소정이의 성적표를 받아든 아버지는 자못 심각해졌다. 소정이가 공부를 안 하는 아이가 아닌데도 불구하고 내신이 3, 4등급 정도밖에 나오지 않은 것이다. 입시제도에 진작부터 관심을 가져온 터라 내신 3등급이라면 국내 어중간한 대학밖에 지원할 수 없다는 것을 아버지는 알고 있었다. 아버지는 그 정도에서 소정이의 미래를 결정하게 할 수 없었다. 아버지가 판단하기에 적어도 소정이는 그보다 더 많은 가능성이 있는 아이였기 때문이다.

소정이 아버지는 바로 시간을 냈다. 문제의 원인을 분석하기 위해서였다. 대기업의 중역으로서 쉽지 않은 결정이었지만 '자식보다 중요한 문제가 어디 있겠느냐'는 생각에 시간을 낸 것이다. 소정이 아버지는 먼저 학교를 찾아가 담임선생님과 면담을 했다. 그러자 성적표를 아무리 분석해도 알지 못했던 문제의 실마리가 서서히 풀리기 시작했다.

"일반 고교인 소정이 학교에는 내신 성적을 유리하게 받기 위해서 민사고나 외고에서 전학 온 우수한 이과생들이 꽤 있더라고요. 이 학생들이 1, 2등급을 죄다 쓸어가고 나니 기존의 우수한 학생들은 3등급으로 밀려났던 거예요. 소정이 말을 들으니 그런 애들은 쉬는 시간도 없이 책만 잡고 있대요."

내신 성적을 위해 학교를 옮긴 그 아이들은 학교에서 단체활동도 빠지기 일쑤다. 체육대회나 합창대회, 소풍 같은 행사에는 아예 얼굴도 내밀지 않고 오로지 공부만 한다.

"그 말을 듣고 나니 그렇지 않아도 한껏 기가 꺾여 있는 소정이에게 애 엄마처럼 '너는 왜 그렇게 못 하니!'라는 말을 차마 할 수 없더라고요. 어디에 하소연한다고 달라질 상황도 아니고…. 처음으로 유학을 고려했습니다."

비단 소정이네 경우만이 아니다. 교육시장에는 이 같은 부모들의 불안 심리를 노리는 유학브로커들이 셀 수 없을 만큼 많다. 내신의 비중이 극대화된 상황이 초래한 결과다. 실제로 내신에 대한 불안감을 가진 많은 아이들이 그들의 말을 믿고 비행기에 오른다. 내신의 비중이 컸던 2005년과 2006년은 특히 심했다.

소정이 아버지 역시 대책을 세워야 했다. 3등급으로 상위권 대학을 갈 수도 없고, 관심도 없는 중위권 대학에 들어갈 바에는 차라리 유학을 보내는 게 좋지 않은가 하는 고민이 시작된 것이다. 아버지는 곧바로 유학원을 알아봤다.

"유학원에서는 토플 점수만으로 쉽게 들어갈 수 있는 의대도 있다고 하더군요. 원한다면 그쪽으로 알아봐 준다고요. 반가운 소식이기는 했지만 직접 알아보기로 했죠. 해외에 있는 친구들에게 수소문해 보니 유학원에서 추천한 대학이 모두 황당하더라고요. 입학은 쉬워도 졸업이 매우 어려워 등록금만 수도 없이 갖다 바쳐야 하는 곳이었어요. 그러고도 졸업을 못하는 학생들이 넘쳐난다는 대학이었습니다. 말 그대로 학생을 상대로 장사를 하는 곳에 불과했어요."

아버지는 그날로 유학원을 통한, 쉽게 갈 수도 있다는 유학코스는 포기했다. 그리고 소정이의 의견을 묻기로 했다. 좀 더 공부에 전념해 국내 대학에 소신 지원할 것인지 아니면 차근차근 장기적으로 준비해 유학을 갈 것인지. 고민하던 소정이는 힘들겠지만 국내 대학을 준비하고 싶다고 했다.

"좋다. 네 뜻이 정 그렇다면 최선을 다해 보자!"

딸이 결정을 내리자마자 아버지는 곧바로 딸과 함께 수능 전략을 짜기 시작했다. 1년 반 정도 남은 수능을 위해서 내신과 수능을 함께 준비하는 큰 그림의 계획표를 작성했다.

"일단 떨어진 내신을 보완하자. 3, 4등급 과목들은 수능에서 그 점수를 최대한 만회하기로 하고. 대신 이후에는 내신관리를 더 잘 해야겠지. 그렇다면 수능준비와 내신관리를 효율적으로 해야 한다는 말인데, 학기 중에는 내신관리에 힘쓰고 수능준비는 방학 때 집중하자."

이런 전략을 짠 아버지는 소정이가 학기 중 모의고사 등수가 좀 뒤처져도 잔소리하지 않았다. 방학을 거쳐 2학기 때 만회하면 되니까 말이다. 대신 부족한 과목에 전념하라고 일렀다.

어찌되었든 쉴 틈이 없었다. 하지만 아버지의 코치를 따르니 다행히 모의고사에서도 좋은 성적을 거둘 수 있었다. 내신에서 3등급을 받는 과목들이 모의고사에서 1등급이 나오자 아버지와 소정이 모두 이렇게만 하면 된다는 확신이 섰다. 아버지와 호흡을 맞추게 된 소정이는 시험 중압감이나 스트레스를 오히려 덜 받게 되었다. 시간만 축내며 고민해야 할 상황이 일찍 종료되었기 때문이다.

소정이 아버지는 지금도 여전히 신문이나 각종 매스컴에서 나오는 입시뉴스에 촉각을 곤두세우며 자료를 스크랩한다. 그리고 지원하고자 하는 대학을 찾아다니며 관계자를 만난다. 아마도 아버지와 소정이의 수고는 소정이가 대학에 들어가는 날까지 계속될 것이다. 물론 소정이는 이것저것 생각하지 않고 아빠가 짜준 전략대로 공부만 하면 될 터이다.

이렇듯 간혹 전문가인 나를 능가하는 입시전략가 아버지를 만나곤 하는데, 자녀의 진학을 둘러싼 그들의 치밀한 프리젠테이션(?)을 들을 때면 그 아버지들이 얼마나 치열하게 사회생활을 했는지 느껴지곤 한다. 아버지가 나서면 아이의 수능 전략은 흡사 글로벌 비즈니스 전략과 맞먹는다.

아버지는 아이와 늘 가까이 했던 어머니로서는 절대 알아챌 수 없는 것들을 발견하곤 한다. 어머니들은 아무래도 자녀의 편에 서서 감정적으로 문제를 풀려는 경향이 짙다. 하지만 아버지는 다소 냉정하게 보이더라도 자녀들에게 보다 객관적인 판단을 내리려 한다. 자녀가 대학에 가냐, 못 가냐라는 문제만을 붙들고 감정적으로 바라보기보다는 실제 사실fact에 집중하려는 경향을 보이는 것이다. 자녀의 현재 성적을 분석해 가능한 것과 그렇지 못한 것을 분석하고, 가능한 것을 중심으로 사고한다. 또한 현재의 입시제도를 분석하여 적절히 활용하도록 노력한다. 이는 짐작건대 정글과도 같은 조직생활, 즉 사회생활을 통해 갈고닦은 노하우가 발현된 결과가 아닐까 한다.

어머니 한쪽의 노력과 아버지가 함께 진로준비에 참여하는 쪽, 어느 아이가 더 경쟁력이 있을지 그 답은 뻔하다. 현재와 같은 대한민국 수능 제도에 있어 어머니의 열성만으로는 절대 부족한 것이 현실이다.

내 아이를 위한 강남아빠들의 특별한 교육 노하우 ❻

성적 때문에 수저를 놓게 하지 않는다

● 자녀와 마주한 식탁에서 아이들의 성적 얘기를 꺼내지 말라. 밥상 앞에
서 성적 얘기를 꺼낸다고 아이의 성적이 오르지는 않는다. 자기 성적에
만족하는 아이들은 없다. 누구보다 좋은 성적을 받고 싶다. 성적이 나쁜
이유는 따로 있다. 그 이유를 찾아서 같이 해결하는 아버지가 되어라.

● 식탁에서 아이를 윽박지르면 역효과가 나온다. 아버지를 슬슬 피하는
아이들을 만들 뿐이다.

예금통장 역할만 하는
기러기 아빠가 되지 마라

'코피노.' 필리핀으로 유학 간 한국의 10대들과 필리핀 소녀들 사이에 태어난 아이들을 코피노라고 부른다. 지금 필리핀에는 아버지 없는 코피노들이 넘쳐나고 있다. 그렇다면 한국인들의 새로운 '유학 개척지'로 꼽히는 중국은 어떠한가? 베이징공업대학 건축성시학원 김준봉 교수가 기고한 글을 보자.

"모두 알다시피 중국은 인구가 너무 많다. 잘하는 학생만 대충 추려도 그 수가 넘쳐난다. 그래서 중국은 정부나 학교나 장애아와 지진아에 대해 별다른 신경을 쓰지 않는다. 잘하는 학생들 관리하기에도 벅차기 때문이다. 이들에게 한국학생은 부담스러운 존재다. 말도 안 통하고 잘못 건드렸다가는 책임 추궁 등의 봉변을 당할 수도 있기 때문이다. 숙제든 공부든 그냥 못 본 체 하는 게 상책이다. 차라리 졸면 편하다. 신경 안 써도 되니까. 좋게 말해서 그냥 놔두는 거다. 중국 교육당국의 이러한 방치는 학생들에 대한 학대라고 봐야 한다. 한국 학생들은 멍청한 바보로 전락할 수밖에 없다. 비싼 등록금을 들고 오는 한국의 조기 유학생들은 그들에게 교육의 대상이 아니라 단순히 돈벌이 대상일 뿐이다."

한국 최초로 '국제성인 및 평생교육 명예의 전당(International Adult and Continuing Education Hall of Fame)'의 헌정자로 선출된 서울대 교육학과 문용린 교수는 "조기 유학은 어린아이들에게서 가정을 빼앗는 것과 같다. 정서적으로 가족의 품이 가장 필요할 나이에 사랑과 따뜻함을 받지 못하게 되는 것은 너무 큰 문제다"라고 지적했다.

그렇다면 과연 조기 유학은 아예 보내지 말아야 할 것인가? 조기 유학 간 학생들 중에서 성공한 아이들은 없는 것일까?

말 그대로 '글로벌 교육'을 하기 위해서는 어떤 조건들이 선행되어야 하는지 짐작게 해준 두 분의 아버지가 있었다.

중국어의 필요성을 감지한 기철이 아버지는 아들과 딸을 중국으로 유학 보내기로 결심했다. 기철이 아버지는 아이들을 중국으로 보내기 전에 그곳에 미리 집을 사놓고, 아내와 자기의 형제들을 설득해

조카들을 함께 유학 보냈다. 중국에서 기철이를 비롯한 조카들이 함께 학교를 다닐 수 있게 배려한 것이다. 즉 사촌들끼리 함께 모여 생활하도록 한 것이다.

"초등학생에서 중학생, 고등학생까지 아이들의 나이가 다양해요. 그래서인지 자기들끼리 서로 챙겨주고 숙제도 같이 하더라고요. 그 중 한 아이는 중국에서 고등학교 과정까지 마치고 미국대학으로 진학했어요."

집에는 상주해서 아이들을 돌봐주는 고학력의 조선족 부부를 두었는데 이들은 가사 도우미를 비롯해 중국어 교사 역할까지 담당했다. 아이의 어머니들도 교대로 중국에 들어가 1년씩 머물며 아이들 생활을 돌봐 주었다. 아버지들도 1년에 한두 차례 중국을 방문했고 방학 때면 아이들이 모두 한국으로 들어와 가족과 여행을 다니며 휴가를 보냈다.

"비용은 생각보다 많이 들지 않아요. 여러 집이 분담하다 보니 강남에서 아이 키우는 것보다 오히려 경제적이에요."

아버지의 노력 덕택이었다. 아버지는 남들처럼 무책임하게 아이들을 떠나보내고 싶지는 않았다. 결국 아버지는 유학 1년 전부터 중국을 드나들며 아이가 공부할 학교를 직접 수소문했다. 어떤 계층의 아이들이 다니는 학교인지, 교육과정은 어떤지를 알아보는 한편 집세가 저렴한 동네도 고려했다.

언어문제를 빨리 극복할 수 있도록 조선족 가정교사 부부를 집에

들이는 것도 아버지 생각이었다. 조선족 가정교사는 아이들이 현지에 적응하는 데 큰 도움이 되었다. 아버지의 고민과 노력이 아니었다면 쉽게 내릴 수 있는 판단이 아니었다. 부모의 정성 덕분인지 아이들도 비교적 잘 적응하고 있다.

"학부모들 모임에 나간 일이 있었어요. 그 전까지 저는 딸이 그냥 저냥 중국어를 하나보다 했어요. 그런데 학교 선생님들이랑 학부모까지 수십 명이 모인 자리에서 딸이 떨지도 않고 중국어를 유창하게 하는 게 아니겠어요? 가슴이 뭉클하더군요. 두 시간 정도 진행된 모임이었는데 모임 내내 딸이 통역해 주었어요."

부모로서 심적 갈등이 없었던 것은 아니었다. 사춘기를 맞는 딸에게 엄마가 옆에 있어야 하는 것이 아닌가 하는 걱정이 앞서기도 했다. 그러나 한국의 입시전쟁을 떠올리면 그 마음이 싹 달아나 버린다고 아버지는 말했다. 대신 딸이 공부하기에 적합한 환경을 더 알아보고 아버지의 사업 터전도 옮길 수 있는지 알아보고 있다고 한다. 가족이 함께 모여 살 수 있도록 말이다.

태원이 아버지는 무척 쾌활한 분이다. 마주칠 때마다 오페라의 가사를 흥얼거리고 계셨다. 가끔씩 학원수업 보강을 일요일 오전 집에서 할 때면 공부하는 방안으로 식구들의 쾌활한 웃음소리가 들릴 정도였다. 하지만 아들의 진로만큼은 철저한 분이었다.

태원이 아버지는 아들의 진로를 고려하여 국내보다 미국의 대학을 선택했다. 아들이 중3이 되자 태원이에게 유학 준비를 하라고 일렀다. 그리고 태원이가 중학교 3학년 2학기를 마치자 아버지는 태원이와 함께 직접 현지 고등학교 입학 담당자와 인터뷰 스케줄을 잡아나갔다. 국내 유학원의 개입도 없이 말이다. 그리고 미국 고등학교를 방문하기 위해 부자는 보름간의 여정에 올랐다. 장기간의 휴가를 내기 위해 아버지는 1년 전부터 준비를 해왔던 터였다. 태원이의 말을 빌자면 그 기간은 아버지와 함께하는 극기훈련이었다 한다.

"아침 일찍 아버지가 운전하는 렌터카를 타고 학교를 찾아가서 아버지와 나란히 인터뷰를 했어요. 그곳 학교 교장선생님 앞에서 아버지는 유창한 영어로 저를 소개하셨어요. 제가 자라온 환경과 저의 특성도 얘기를 하셨고요. 아버지가 영어를 잘하는 분인지 그때 처음 알았어요. 물론 저 역시 제게 돌아오는 질문에 대해 최선을 다해 대답했고요. 그렇게 1시간 정도의 인터뷰가 끝나면 학교에서 안내해 주는 대로 학교투어를 해요. 학교투어가 끝나면 다른 지역에 있는 학교를 찾아가기 위해서 다시 차에 올랐지요."

3~4시간 또는 그 이상도 소요되는 장거리 운전을 아버지가 직접 했다. 그렇게 하루를 보내고 숙소로 돌아오면 기진맥진한 상태로 침대에 쓰러졌다. 그리고 다음날 아침이 되면 햄버거로 끼니를 때우고 다시 출발했다. 그나마 어느 구석진 곳을 가도 맥도날드가 버티고 있어서 굶지는 않았단다. 그런 강행군을 보름이나 계속하고서야 부자는 국내에 돌아올 수 있었다.

"그 보름 동안 아버지의 새로운 모습을 정말 많이 봤어요. 길을 찾아가는 것도, 낯선 곳에서 지내는 방법도, 처음 보는 이들에게 인사하는 방식도 아버지를 통해 새롭게 알게 되었어요. 학교에서는 결코 배울 수 없는 것들을 아버지와의 여행을 통해 배웠어요."

덕분에 태원이는 새로운 선택을 결심했다. 미국의 명문사립학교에서 입학허가가 떨어졌음에도 불구하고, 고민 끝에 국내에서 공부를 마치기로 한 것이다.

"고등학교 3년 동안 아버지 곁에서 좀더 많이 배우고 싶은 욕심이 생겼어요. 당장 외국에 나가 공부하는 것보다 그것이 인생에 더 필요할 것 같았어요."

물론 태원이의 선택에 부모는 아무런 반대를 하지 않았다. 나 역시 태원이의 결정이 현명했다고 생각한다. 덧붙여 이들 가족을 지켜보며 태원이보다 이를 받아들인 부모의 선택이 보다 더 용기 있는 결정이었다고 박수를 보냈다.

어린 자녀의 유학을 생각하는 부모라면 자녀의 개성과 성향을 존중해서 여러 가지 고려를 해야 한다. 또한 가족의 해체를 받아들이면서까지 감수해야 할 것인지 심사숙고해야 한다.

조기 영어교육이 좋다고 해서 1, 2년 해외에 다녀온 아이들을 두루 살펴보면 생각만큼 영어가 유창하지 않다. 또 아무리 영어가 유창하다고 하더라도 공부하는 습관이 붙지 않은 경우라면 지방대학에도 가고, 전문대를 두드리기도 한다. 형편없는 내신 등급 때문에 재수를 선택해야 하는 경우도 부지기수다.

영어에 대한 감이 조금 생긴 것만으로 성공적인 인생을 살아갈 수 없다. 게다가 어린 나이에 타국에서 겪는 문화적·정서적 충격을 고려한다면 결코 적절한 선택은 아니다. 영국에 갔다가 평생을 요양원에서 지내야 할 정도로 정신적 충격을 받고 돌아온 학생도 있다. 한국에 대한 정체성, 자신에 대한 정체성, 사회생활에 대한 경험이 있어야 다른 문화에도 적응할 수 있다.

여러 아이들을 보면서 유학에 대해 내가 내린 결론은 하나다. 아이들의 정서를 보살필 수 있는 경제적인 조건이 안 된다면 국내에서 공부시키는 것이 아이의 장래나 가족의 행복을 위해 훨씬 낫다는 것이다. 기러기 아빠나 무리한 경제적인 출혈은 가정의 위기만 가져올 뿐이다. 너도나도 가는 유학이라지만 부모의 철저한 노력과 책임관리 없이 성공하는 케이스는 극히 드물다.

기철이 아버지나 태원이 아버지와 같이 자녀교육에 적극적인 아버지가 곁에 있다면 유학은 그다지 필요치 않은 과정이다. 게다가 학력 위조니 세탁이니 하는 말들이 점차로 불거지고 있다. 이에 따라 앞으로 대기업 등 크고 작은 많은 조직은 외국 유학자에 대해 보다 더 엄격한 잣대를 들이댈 것이다. 국내에서 부모들의 사랑과 관심을 받으며 반듯하게 성장한 국내형 인재들에게 더 큰 점수를 주게 될 날도 멀지 않아 보인다.

아이와의 약속은 어떠한 경우라도 지켜야 한다

- 아이들이 부모에게 느끼는 제일 큰 불만은 "약속을 지키지 않는다!"이다. 특히 아이들은 아버지가 한 약속은 절대 잊지 않는다. 지킬 수 있는 약속을 하고, 만약 약속을 지키지 못할 경우 아이들에게 충분한 용서를 구하고 이해를 시켜야 한다.

- "아빠 마음 알지?"라며 대강 넘어가려는 아버지의 태도에 아이는 고개를 끄떡이면서도 '나는 아빠한테 별로 중요한 사람이 아니구나' 라는 생각을 갖는다.

- 이 같은 상처는 사회에 나와서도 다른 사람들에게도 적용될 수 있다. 무슨 일이 있어도 신뢰를 잃는 아버지는 되지 말아야 한다.

맹목적 영어 지상주의가
아이를 망친다

'English divide.' 다시 말해 '영어 격차 문제'가 공공연한 사회 이슈가 되고 있다. 'English divide'는 몇 년 전 스위스 다보스에서 열린 세계경제포럼 연차총회의 주제였던 'Digital divide'에서 파생된 말이다. 디지털 활용능력에 따라 사회적 계층이 나뉜다는 말이다. English divide는 영어를 사용할 줄 아는 계층과 그렇지 못한 계층이 계급처럼 나뉘어 후자가 사회적 차별을 받을 것이라는 말이다.

이런 기사가 나오면 가장 민감해지는 부모들이 바로 대한민국 부모들이다. 대한민국이 쏟아 붓는 영어 사교육비만 해도 연간 10조 원이다. 국내에서 쓰는 비용이 2조 원, 나머지는 해외에서 사용되는 비용이다.

그렇다면 정말 한국사회에서 영어능력은 신분을 나누는 잣대인가? 나는 다음과 같은 전문가의 직언이 정답이라고 생각한다.

"지식 중심 사회에서 영어네트워크 편입 여부가 부가가치 창출 능력을 결정하게 된다고 한다. 이 말을 다시 생각해 보면 영어란 근본적인 가치 창출 능력은 아니라는 말이다. 부가가치 창출 능력, 즉 영어를 사용할 수 있다면 내가 일하는 분야에서 조금 더 유리하다는 말이다. 다시 말해 내가 일하는 분야에서 전문가로 자리 잡는 것이 먼저라는 뜻이다."

나는 이 말에 상당 부분 동의한다. 때문에 영어에 집착하는 부모들을 만날 때마다 물어보는 말이 있다.

"아이의 장래 희망은 무엇인가요? 혹시 그것에 대한 준비는 해주시나요?"

아이들 교육은 재능을 찾아내 그것을 발전시키는 것이 우선이다. 자기 재능이나 직업에 대한 목표가 확실한 아이는 부모가 강요하지 않아도 공부에 최선을 다한다. 하지만 영어공부만을 외치는 부모 밑에 있는 아이들은 영어란 그저 부담스런 과제일 뿐이다.

그렇다면 강남아빠들은 어떨까? 그들은 아이의 상태를 먼저 확인한다. 아이가 영어에 별다른 재능이 없거나 하고 싶어하지 않는다면 함부로 돈을 쓰지 않는다. 비용 대비 효과가 의문시 된다면 쉽게 투자

하지 않는다는 원칙은 아이들 영어교육이라고 해서 예외가 아니다.

남매를 둔 부모가 있다. 그분들은 강남에서 예능계 학원을 운영하고 있다. 그들의 아들은 어릴 때부터 영어를 좋아했다. 친구 집에서 영어 비디오를 보고 오는 날이면 간단한 회화 정도는 따라할 수 있을 정도로 재능도 있었다. 혼자서 알파벳을 익혔을 뿐만 아니라 외국 사람들에게 인사하며 따라다녔다. 영어가 마냥 좋다는 아들은 중학생이 된 지금도 스스로 알아서 영어공부를 즐기고 있다.

문제는 딸이었다. 아들의 열정에 힘입어 딸에게는 영어 조기교육을 시키기로 맘먹었다. 영어 비디오를 보여주고, 엄마 아빠가 영어 노래를 불러주며 알파벳을 가르쳤다. 하지만 반응은 시큰둥했다. 오빠와 너무 달랐다. 오빠가 신나게 다녔던 어학원에도 보내봤지만 1주일을 못 버티고 가기 싫다고 떼를 썼다. 그렇게 싫다는 딸을 억지로 보낸 몇 달 후, Y와 N도 구분 못하는 딸이 어학원에서 놀림감이 된다는 걸 알고 나서야 부모는 딸의 영어공부를 접었다.

"그때 우리 부부는 깨달았어요. 아무리 부모가 해라해라 해도 아이가 원하지 않으면 안 된다는 것을요. 다행히 딸아이는 그림을 좋아해요. 그림을 그릴 때는 시간이 너무 빨리 지나간다고 하면서 자신은 화가가 되고 싶다고 합니다. '영어 잘하는 화가'가 되면 너무 좋겠지만 어디까지나 그건 부모 욕심이고요. 우선은 자기가 좋아하는 일을 밀어주는 게 우선이라고 생각해요."

경험에 의하면 아버지가 아이들 교육의 주도권을 잡고 있는 집안은 아이들 영어교육에 있어 정석을 중시한다. 주변 분위기의 영향을 받는 어머니들이 얼른 외국에 보내야 한다고 조급해 하는 데 반해, 자식 교육에 가치관이 확실한 강남아빠들은 자녀의 열정이나 수준부터 먼저 체크한다.

외국계 회사의 중역으로 있는 상희 아버지가 그런 경우다. 상희는 하나둘 어학연수를 떠나는 주위 친구들을 보며 자신도 조급해졌다. 하지만 아버지는 쉽게 허락하지 않으셨다. 아버지는 해외연수를 보내는 대신 상희에게 영어테이프와 책을 한 아름 안겨 주었다. 이 책을 모두 독파하고 아버지 테스트에 합격하면 어학연수를 보내 주겠다는 것이다. 혼자 공부하는 법을 터득해야 외국에 나가서 공부하는 것도 의미가 있다는 게 상희 아버지의 생각이다.

"미국으로 연수를 가기 위해서라도 혼자 공부하는 방법을 찾아야 했어요. 리스닝 테이프를 반복해 듣고 영어단어를 무조건 하루에 20개씩 암기했죠. 시간 날 때마다 테이프를 듣고 받아쓰기 연습을 했어요."

그러자 기적 같은 일이 일어났다. 중간 정도의 실력이었던 상희가 전국영어듣기평가에서 만점을 받은 것이다. 중간고사나 기말고사도 90점을 넘었다. 그런 상희를 기다리는 것이 있었으니 바로 교환학생 프로그램이었다. 집안 돈 쓰지 않고 외국연수를 다녀올 수 있게 된 것이다.

그렇게 어학연수를 다녀온 상희는 영어에 대한 자신감이 한껏 붙어 돌아왔다. 발음도 좋아졌고, 회화실력은 몰라보게 늘었다. 부모의 철저한 후원 아래 다녀온 아이들과는 비교도 안 되었다.

"아버지가 남들 하는 대로 아무 준비 없이 어학연수를 보내주셨다면, 적응하지 못해 외톨이가 되었거나 그냥 아무 생각 없이 신나게 놀고 왔을지 몰라요. 하지만 혼자 공부한 덕분에 내가 그곳에 가서 무엇을 배우고 돌아와야 하는지, 또 기회가 얼마나 소중한 것인지 알았기 때문에 조금도 허비할 수 없었어요."

무난히 원하는 대학에 들어간 상희는 다시 한 번 외국에서 공부할 기회를 찾아볼 것이라고 했다. 누구의 도움도 받지 않고, 자신의 힘으로 말이다.

이왕 유학을 보내려면 철저하게 준비를 시켜야 한다. 어학연수는 단순한 해외여행과는 다르기 때문이다. 단순히 아는 사람이 있다는 이유로, 좋은 패키지라는 이유로 아이를 밀어 넣어서는 안 된다. 주변 경우를 보더라도 그렇게 안이하게 준비한 집 가운데 성공적인 유학생활을 하고 돌아온 경우는 거의 보지 못했다. 대개는 아이가 적응하지 못해 우울증을 앓거나 중도에 포기하곤 했다. 돌아와서 국내 학교에 적응하는 건 더더욱 힘든 일이었다. 그런 부모들은 또 쉽게 다음과 같은 결정을 내린다. 아버지 어머니가 모두 교수인 상진이네처럼 말이다.

"여기서 앞이 안 보이면 다시 다른 나라로 보내는 건 어떨까요?

지난번에 보낸 캐나다 말고 미국은 어떨까요? 어차피 여기서는 대학도 못 들어갈 것 같은데, 미국에서 생활영어라도 배워오면 좋지 않을까요?"

나는 만약 부모 뜻대로 상진이를 또 다시 미국으로 보낼 경우 상진이는 어느 곳에도 적응하지 못하는 영원한 이방아가 될 수 있다는 답을 드렸다. 국제적인 유랑아가 되든지 요양원에 입원하게 될 것이라고 단호하게 말씀드린 것이다. 그리고는 재수, 삼수를 하더라도 여기서 대학을 가고야 말겠다는 결심을 한다면 내가 그렇게 되도록 최선의 노력을 하겠다고 말씀드렸다. 공부란 결국 의지와 시간과의 싸움이기 때문이다. 어려운 과정이었지만 상진이는 나를 잘 따라와 주었다.

내 아이를 위한 강남아빠들의 특별한 교육 노하우 ❽

맹목적인 영어교육보다 아이의 재능을 먼저 살핀다

- 단호하게 말하지만 자녀의 영어교육에 천문학적인 돈을 들일 필요가 전혀 없다. 영어권에 있으면서도 후진국 신세를 면치 못하는 나라들도 적지 않다. 핀란드가 급성장한 이유는 국민들의 높은 토플 점수 때문만이 아니다. 이른바 '산업전사'를 길러내는 교육제도와 함께 자신들의 재능이 무엇인지 관심을 갖고 그쪽으로 투자한 덕분이다.
- 영어, 물론 중요하지만 아이들이 무엇을 원하고 무엇을 잘할 수 있는지 파악하는 것이 우선이다. 영어는 그 다음이라도 늦지 않다.

토론과 철학교육으로
오피니언 리더의 자질을 키운다

고등학교 2학년인 연미는 아버지와 자주 토론을 벌인다.

연미네는 커다란 책상이 놓인 서재가 따로 있는데, 아버지와 두 딸이 서재에 앉아서 이야기를 나누곤 한다. 주로 책을 읽고 서로의 생각을 주고받는 것이다. 아버지도, 연미도 책을 끼고 사는 부녀다. 연미와 동생은 신문을 보다가도 궁금한 게 있으면 "아빠는 이 기사 어떻게 생각하세요?" 하며 아버지에게 달려간다고 했다. 그때마다 아버지는 진지하게 응수해 주었고, 자신이 모르는 부분은 책을 찾든가 인터넷 검색을 해서라도 알려주었다. 그런 걸 메모해 놓는 노트가 아빠에게도 연미에게도 실제로 있다. 신문을 보면서 다양한 분야의 공부까지 한 셈이다. 연미가 학교 내신과 모의고사의 언어와 사회탐구 영역에서 늘 1등급을 받은 이유가 여기에 있었다.

연미의 아버지는 글쓰기의 중요성 또한 간과하지 않았다. 아버지는 연미 자매가 어릴 때부터 글쓰기를 잘하는 사람이 사회에서 대접받을 수 있다고 강조했다. 자신의 생각을 글이나 말로 적절하게 표현할 줄 알게 되면 어떤 조직에 있든지 리더의 역할을 할 수 있다는 것이다.

"전문가란 어떤 분야에서 자신만의 논리와 지식을 가진 사람을 말한다. 미래사회에서는 전문가가 되지 않으면 살아남을 수 없다. 그리고 전문가의 기본 조건은 글쓰기 능력이다. 글쓰기를 두려워해서는 안 된다. 글을 잘 써야겠다는 욕심보다는 글을 통해서 자신이 하고 싶은 이야기가 무엇인지를 먼저 떠올리면 된다."

아버지 덕분에 연미 자매는 글을 쓸 때 부담을 갖지 않는다. 많이 써보는 것이 중요하다고 한 아버지 말을 믿고 줄곧 써왔기 때문이다. 연미 자매는 이미 여러 차례 글짓기 상을 받은 바 있다. 연미 아버지는 논술 때문에 학원에 가고 싶다면 차라리 철학 강의를 들으라고 말한다.

연미 아버지뿐 아니다. 강남아빠들이 독서와 함께 자녀들의 사고력 배양을 위해 강조하는 것은 다름 아닌 철학이다. 물론 성적에 직

접적인 영향을 미치지는 않지만 논리력이나 창의성에 철학만한 교육
이 없다고 생각하기 때문이다.

이처럼 대학입시에서 논술에 대한 중요성이 강조되기 이전부터 몇
몇 강남아빠들은 철학과 토론의 중요성을 인식하고 자녀교육의 한축
으로 여겨왔다.

이들은 아이가 어릴 때부터 책읽기나 글쓰기, 사고력의 중요성 자
체를 인생에서 매우 중요한 덕목으로 여겼다. 어릴 때부터 그룹을 짜
서 스터디를 하기도 하고, 개인교사를 두기도 한다.

내가 만난 학생 중에 유난히 듬직한 여학생이 있었다. 부모들이 모
두 바쁜 상황에서도 별다른 갈등 없이 자기 일을 묵묵히 하는 소신
있는 아이였다. 부모들은 아이의 그런 성품은 철학수업에서 비롯된
것 같다고 판단했다.

아이는 중학교에 들어가면서부터 1주일에 한 번씩 철학을 전공한
분을 모셔다 집에서 언니와 같이 강의를 들었다. 철학의 중요성을 강
조하는 아버지가 대학교에 직접 의뢰해 선생님을 선정했고, 커리큘
럼에도 관여하셨다. 생각할 줄 아는 능력을 갖추는 것이 무엇보다 중
요하다는 교육철학에 기인한 것이었다. 물론 대학에서 논술을 강조
하기 이전부터 말이다. 자매는 모두 학교에서 수재 소리를 들으며 성
장했고 어려움 없이 명문대에 입학할 수 있었다.

"공부란 결국 생각하는 방식, 문제를 해결하는 방식입니다. 단순
히 문제를 푸는 기술이 아니라고 생각해요. 논리적인 사고의 틀만 갖

추면 아무리 어려운 문제를 대하더라도 응용할 수 있다고 생각합니다. 단순히 성적의 문제가 아니라 아이의 먼 장래를 생각한다면 논리적으로 그리고 철학적으로 생각하는 사고력을 키워 주어야 하고, 그렇게 된다면 어디서든 리더로 자리 잡을 거라고 판단했습니다."

이름난 논술 학원을 몇 개월 쫓아다닌다 해서 없던 사고력이 생겨날 리 만무하다는 것이 아버지의 견해였다.

현재 각 대학이 신입생 선발에 있어 논술의 비중을 점차 확대하고 있는 것을 보면, 강남아빠들의 판단이 유효했던 것으로 보인다. 우수한 학생들을 뽑기 위해서는 내신이나 수능점수뿐 아니라 논술 테스트가 필요하다고 나선 것이다. 그러나 그간의 교육과정에서 논술에 대한 교육이 부재했던 상황이고 보면, 학생들 입장에서는 큰 부담이 아닐 수 없다. 때문에 학생들은 이를 두고 '죽음의 트라이앵글'이라고 부른다.

"수능에, 내신에, 게다가 논술까지? 아예 우리를 지옥으로 몰아넣겠다고 달려드는구나!"

요즘 학생들은 '쓰기' 과정이 생략된 교육 과정 아래에서 학교를 다녔다. 이런 상황에서 대입 논술을 보겠다고 하니 그야말로 마른하늘에 날벼락이나 마찬가지인 셈이다. 교수들조차 어렵다고 난색을 표하는 논제를 제시해 놓고 학생들에게 하라고 하는 건 큰 모순이 아닐 수 없다.

하지만 입시를 코앞에 둔 아이들을 앉혀놓고 마냥 제도만을 탓할 수 없는 것이 부모들의 현실이다. 때문에 가정에서의 논술교육이 더 없이 중요한 상황이다. 논술교육을 정상화하기에는 우리의 제도교육이 한참이나 뒤떨어져 있기 때문이다. 그러나 미리 부담을 가질 필요 없다. 현재의 논술 수준도 겉만 어렵지 속을 들여다보면 그리 겁먹을 것도 아니기 때문이다. 논술이란 기본적으로 책 읽고, 생각하고, 쓰기가 기본이다. 서울대가 2008년도부터 추진한다고 발표한 이과생 대상의 수학, 과학 통합 교과형 논술고사 준비도 마찬가지다. 교과 내용을 논리적으로 풀어내는 훈련만 하면 된다. 역시, 책 읽고 쓰기가 기본이라는 것이다.

가정에서의 논술교육이란 식탁에서 몇 십 분이면 충분하다. 조간신문에 나왔던 뉴스나 회사에서 일어났던 일, 저녁 뉴스에서 나왔던 일들 중 기억에 남는 일들을 얘기해 주면 훌륭하다. 이와 함께 책을 읽고 토론하면 일석이조의 효과를 거둘 수 있다. 자녀들과의 애정지수도 높아지고 아이들의 지적 능력도 높아질 것이다. 때로 아이들이 좋아하는 판타지 소설을 도서목록에 넣어두면 세대 차이도 줄일 수 있을 것이다.

"귀찮게 아이에게 그런 것까지 해주어야 하나? 자신 없는데…."

만일 이렇게 생각하는 부모가 있다면 자신감을 갖기 바란다. 먼저 책 한 권을 아이와 부모가 함께 읽고 서로의 생각과 느낌을 나눈다.

그것을 아이가 글로 정리하고, 이를 다시 부모가 코멘트해 주면 된다. 고액의 학원에서 해준다는 첨삭지도도 그보다 훌륭하지 않다. 원고지 사용법을 익히는 것은 한두 시간이면 충분하다. 쓰다 보면 어느새 신기하게 길러지는 것이 문장력이다. 그 과정을 시간을 들여 꾸준히 하면 아이는 어느새 글 쓰는 재미를 느끼게 된다.

나 역시 그런 방식으로 아이들을 지도하고 있다. 분명 나는 논술 선생이 아닌데도 말이다. 부모가 아이의 독서와 논술에 신경을 쓰지 않는 경우, 일단은 내가 담당하는 과목에 도움이 되는 책부터 읽힌다. 아이들에게 한 달에 한두 권 정도 책을 읽게 하고 독후감을 받았다.

이러한 작업을 하면서 내가 느낀 것은 역시 아이들은 다재다능해서 키워주기 나름이라는 것이다. 아이들이 처음에 글을 쓴 것과 한 학기 정도 지나서 쓴 글은 질적인 비교가 불가능할 정도다. 대여섯 권의 책으로도 일취월장하는 학생들도 있다. 2년 정도 지나면 논술도 우습게 된다. 아이들 스스로도 자신들이 써 온 글들을 보며 스스로 흡족해 하며 자랑스러워한다. 그 성취감이 아이들을 부쩍 자라게 한다. 이렇게 작게 시작하면 된다.

값비싼 논술학원에 보내지 못한다고 좌절할 필요 없다. 학원에서 논술을 익힌 아이들은 심하게 말하면 모두 '그 밥에 그 나물' 같은 답안을 내도록 훈련받는다. 급조된 획일적인 글에 비판적 사고며, 논리적 추리 등의 생명력이 있을 것 같은가? 그것을 채점하는 교수가 모를 리 없다.

"거의 비슷비슷한 답안지였대요. 그걸 보고 교수님은 이 아이들은 모두 같은 논술학원에서 공부했나보다 생각하셨대요. 그래서 좀 엉성하지만 창의적 사고가 번쩍이는 제 답안지에 후한 점수를 주셨던 게 아닐까요?"

성적은 안 되지만 '일단 한번 넣어보자' 하고 시도했던 좋은 대학에 덜컥 합격된 학생의 말이다. 여느 학생보다 월등히 높게 받은 논술 성적 덕분에 말이다. 물론 그 아이는 논술학원 근처에도 안 가봤다. 아버지와 나눈 역사나 정치, 과학에 대한 대화가 큰 힘이 되었다고 한다.

내 아이를 위한 강남아빠들의 특별한 교육 노하우 ❾

언제 어디서나 긍정적인 메시지를 준다

● "세상은 너를 위해 이 모든 것을 준비하고 있단다."
"네가 노력해서 안 될 일은 없어!"
긍정적인 생각을 가질 수 있도록 이런 말들을 아이에게 수도 없이 말한다. 좋은 생각을 하는 사람에게는 좋은 일만 일어나는 법이다. 긍정적인 생각을 가진 사람의 앞을 가로막을 운명은 없다.

세상을 보는 넓은 안목은
학교에서 가르쳐 주지 않는다

고1 중반으로 접어들면 학생들은 문과와 이과 선택을 놓고 고민을 시작한다. 여러 과정을 거쳐 이들이 내리는 기준은 점수가 잘 나올 과목이다. 장래 하고 싶은 일을 기준으로 삼기보다는 자신 있는 과목과 그렇지 못한 과목으로 판단한다.

일반적으로 과학과목 성적이 좋은 아이는 이과로, 사회과목의 점수가 높은 아이는 문과에 동그라미를 친다. 장래 희망은 엔지니어인데 수학공부가 겁난다며 문과로 가는 아이들이나, 국사책 읽기가 싫어 이과로 간다는 용감한(?) 학생들도 부지기수다.

앞서도 말했지만 이러한 단순 논리는 많은 후회를 낳는다. 행정학과에 들어갔던 남학생이 군 제대 후 다시 수능을 쳐서 전기공학과에 가기도 하고, 공대에 다녔던 여학생이 심리학과에 다시 도전하기도 한다. 당장 눈앞의 성적에만 급급해 자신의 미래를 곰곰이 떠올려보지 못한 탓이다. 학부모들도 마찬가지다. 아이의 미래를 물어보고 찬찬히 고민하기보다는 당장 대학 가기 수월한 방법을 선택한다. 그런 면에서 은지 아버지는 딸의 진로에 있어 합리적인 선택을 하고자 노력한 케이스다.

은지는 수업 시간에 가끔씩 자신이 직접 쓴 시도 읽어주고 소설도 보여주는 아이였다. 이 녀석은 그림에도 소질이 있어서 빈 공간만 보이면 그림을 그려 넣었다. 미술 시간에 은지가 그린 캐리커처나 수채화는 잘 그린 그림으로 뽑혀서 곧잘 다른 반으로까지 건너가 전시되기도 했다.

이 정도의 재능이라면 전공을 정하기가 여느 아이들보다 수월할 터였다. 하지만 그런 은지가 고등학교 1학년 중반이 지나자 심각한 진로 고민에 들어갔다. 은지가 원하는 미대보다는 국문과가 여자들이 전공하기에 안성맞춤이라는 엄마의 의견 때문이었다.

"엄마는 사회적 대우가 열악하다며 제가 일러스트레이터가 되는 걸 반대하세요. 대신 작가가 되라고 하세요. 여자가 작가라는 타이틀이 있으면 얼마나 멋있냐고 하시면서요. 그게 말이 되요? 제가 좋은 걸 해야지 다른 사람들의 생각이 뭐 그렇게 중요해요?"

은지의 주장에 엄마는 이렇게 나왔다.

"아직 아이가 세상 물정을 몰라서 그래요. 재능은 문학 쪽에도 있는 것 같으니 작가를 할 수 있게 도와줘야죠. 그게 엄마의 도리 아닌가요?"

어머니는 아주 강경하게 자신의 생각을 밀고 나갔다. 그러나 은지의 고집도 만만치 않았다. 엄마를 이해할 수 없다며 밤새워서 그림 그리는 것으로 반항했다. 그렇게 서너 달, 집안엔 냉기가 흘렀다.

드디어 잠자코 지켜보던 아버지가 나섰다. 아버지의 중재안은 전문기관에 의뢰해 진로검사를 받고 결정을 하자는 것이었다.

"검사 결과를 참고해 은지의 성향이 강한 쪽으로 결정하자."

은지는 진로검사를 받으러 아버지와 함께 기관을 찾았고, 성격유형 검사도 받았다. 은지의 진로 결정에 도움이 될 수 있는 기준을 과학적으로 체크한 것이다. 그리고 며칠 후 은지는 환호성을 질렀다. 은지의 생각대로 그림 그리는 쪽의 재능이 더 높은 것으로 나타난 것이다. 예술가 성향이 강했는데 그 중에서도 그림 쪽의 소질이 높았다. 엄마는 은지를 화실에 보내야 했다.

"진로 결정이라는 것이 그렇게 단순한 것이 아니니까요. 어떤 직업을 원하느냐 하는 것도 중요하지만 결국에는 적성의 문제인 것 같아요. 아무리 원하는 일이라도 소질이 없으면 힘든 과정을 거쳐야 하니까요. 재능 있는 분야에 흥미를 갖고 달려들면 1등 되기란 어렵지 않잖아요. 아무리 노력해도 재능 있는 사람을 못 따라가는 법이니까요. 진작 은지의 적성검사를 하려고 했는데, 이번에 좋은 기회가 된 것 같아요. 아이 엄마도 수긍을 하고. 모든 게 잘 되었습니다."

화실에 가게 된 것을 좋아하는 은지에게 아버지는 당부의 말을 했다. 아버지가 정말 하고 싶은 말은 여기에 있었다.

"자신이 관심 있는 세상에만 몰두하지 말고, 다양한 학문의 영역에 관심을 보여야 한다. 미술을 전공으로 하지만 수학이나 과학 같은 이과계열 공부도 게을리 하면 안 된다. 좋아하는 것만 파고들면 반쪽짜리 지식밖에 얻을 수 없으니까. 세상을 향한 너의 가능성을 늘 열어두기 바란다."

그러고는 은지가 수학이나 과학 같은 분야를 어렵게 여기지 않도록 이들 분야와 관계있는 재미있는 책들을 수시로 선물했다. 은지의 책장에 꽂혀 있는 《생명시대》나 《과학콘서트》 등은 모두 아버지가 사주신 책들이다.

은지 아버지는 통섭統攝의 원리를 은지에게 알려주고 싶었던 것이다. 통섭이란 모든 학문의 근본은 하나의 뿌리로 연결되어 있다는 것이다. 경제이론의 뿌리에는 다윈의 진화론이 있고, 색즉시공 공즉시색이라는 불교의 철학에는 물리학의 원리가 들어 있다는 말이다. 서울대 최재천 교수는 통섭의 원리를 이렇게 말했다.

"진리란 우리가 만들어 놓은 학문의 경계에 개의치 않고 돌아다닌다. 인문학과 자연과학은 하나의 뿌리다. 학문의 경계 없이 자유롭게 진리의 행보를 추구할 필요가 있다."

은지 아버지가 자녀의 미래를 위해 강조했던 것도 바로 이런 통섭의 지혜였던 셈이다. 자신의 전공에만 매몰되어 반쪽짜리 세상만 보는 것을 경계했던 것이다.

"우리가 중·고등학교 시절만큼 다양한 분야를 진지하게 접근하는 때도 없지 않습니까. 그러나 요즘의 교과과정을 보면 많은 한계를 가지고 있더군요. 이과생들 시간표 속엔 일주일에 딱 한 시간 사회교과 과목이 들어가 있고 문과생들도 과학과목 수업은 거의 없는 거나 마찬가지인 시간표로 2년간을 보냅니다. 아이들의 부담을 줄여준다는 명분은 이해가 갔으나 획일적인 입시위주의 현행 학문패턴은 좀 충격이었습니다."

은지 아버지의 말 그대로이다. 아이들이 익히는 학문의 범위가 예전과는 많이 달라졌다. 일단 고교 수학은 예전보다 그 범위가 많이 줄어들었다. 예전에는 문과생들도 했던 미적분이 이제는 이과에서도 심화선택 으로 돌려졌다. 문과생들은 미적분을 배우지 않고서도 고교를 졸업할 수 있다. 과학 분야 역시 마찬가지이다. 반대로 이과생들은 인문학쪽 과목에서 많은 짐을 덜었다.

아이들의 부담을 덜어 준다는 명분이었으나 이는 별다른 실효가 없는 듯하다. 여전히 많은 수의 아이들이 점수받기 쉬운 문과를 선택하고 있으니 말이다. 남학교의 경우 이전에는 이과반이 훨씬 많았지만 최근 몇 년 동안 문과반이 절반을 넘어서는 현상을 보이고 있다. 기초과학 분야가 흔들리는 것은 이미 고등학교 제도 교육에서부터 시작된 현상이다. 파행적인 입시제도 탓이다.

이러한 현상은 당장 아이들로 하여금 편협한 사고력을 갖게 한다는데 문제가 있다. 대부분의 아이들은 수학이나 물리학, 아인슈타인이나 뉴턴의 이야기를 하면 고개부터 설레설레 흔든다. 무조건 어렵고 머리 아픈 학문으로 생각한다. 때문에 은지 아버지는 딸에게 예체능 계열이지만 이과 계통의 학문에도 관심을 가지라고 당부했던 것이다. 그리고 적어도 고2때까지는 문과에 남아서 입시준비를 하라고 부탁했다.

"예체능 계열 입시준비를 하려면 문과 공부가 그다지 필요가 없는 것인 줄 안다. 하지만 힘들더라도 문과에 남아서 다양한 과목을 공부하며 노력해서 좋은 점수를 받았으면 한다. 아버지가 곁에서 도와주겠다."

진정으로 딸의 미래를 염려하는 아버지의 의미 있는 부탁이었다. 입시 위주의 요즈음의 교육 현실에서는 실로 결단있는 당부가 아닌가 생각한다.

"은지가 세상을 바라보는 균형 있는 감각을 키우기를 원했기 때문입니다. 주변에서는 '그런 건 대학에 입학한 다음에 해도 충분해' 라고 말하지만, 저는 우리 아이의 청소년기가 진학을 위한 준비기로만 기억되기를 원치 않습니다. 고등학생이라도 충분히 학문에 대한 열정을 꽃피울 수 있는 나이가 아니던가요? 학교에서 해주지 못한다면 부모인 제가 일러줘야죠. 배우는 즐거움을 말입니다."

성적표에만 관심을 가질 것이 아니라 가끔 아이들의 교과서를 들추어 보며, 무엇을 어떻게 배우고 있는지 관심을 가질 일이다.

내 아이를 위한 강남아빠들의 특별한 교육 노하우 ❿

장래 희망을 강요하지 않는다

● 하고 싶었던 일인데도 누가 하라고 하면 하기 싫어지는 것이 아이들의 심리다. 특히 부모의 간섭에는 더 예민하다.
● 아이 스스로 꿈을 키울 수 있도록 도와줘야 한다. 그 첫 번째 방법은 모르는 척하는 것이다. 그러다가 아이가 손을 내밀면 그때 잡아주어라.

* Rule

펭귄 가운데 몸집이 가장 큰 황제펭귄은
남극의 한 겨울인 5월에 짝짓기를 해서 알을 하나 낳는다.
알을 낳은 엄마 펭귄은 새끼들에게 먹일 양식을 준비하러 나서고
아빠 펭귄에게 그 알을 맡긴다.
남극은 영하 60℃ 이하의 극한에 150km의 강풍이 몰아치기 때문에
2, 3초 만이라도 추위에 노출되면 알은 터져 버리고 만다.
아빠 펭귄은 엄마 펭귄에게 넘겨받은 알을 발 위에 올려놓고
뱃가죽으로 포옥 감싸 차가운 바깥 공기가 닿지 못하게 한다.
아빠 펭귄은 남극의 매서운 추위와 눈보라 속에서
눕지도 엎드리지도 먹지도 못한 채,
마치 동상처럼 꼿꼿이 서서 알을 품으며 60여 일을 견딘다.
여기에 호시탐탐 알을 노리는 도둑갈매기와 바다표범도 경계하며 말이다.
그러다 보면 강한 눈 폭풍을 견디지 못해
쓰러져 죽는 아빠 펭귄들이 나오기도 한다.
7월 중순이 되면 겨울의 추위를 이긴
작고 예쁜 새끼들이 껍질을 깨고 나온다.
그때 먹지 못하고 알 품기에만 매달린 아빠 펭귄의 몸은
지방이 다 빠져서 원래 체중의 절반 정도밖에 안 된다.
태어난 새끼가 배가 고프다고 보채면
아빠 펭귄들은 위속에 가지고 있던
마지막 비상식량까지 토해서 새끼들에게 먹인다.
기다리던 엄마 펭귄이 돌아와도
추위와 허기로 기진맥진한 아빠 펭귄이
새끼를 위해 해야 할 일이 하나 더 남았다.
바로 새끼에게 줄 먹이를 구하러 이내 먼 바다로 나가야 하는 것이다.

PART :: 2

성공의 법칙을 가르치는 건
아빠의 몫

부자들은 금융지식이 아니라
최고에 대한 열망을 가르친다

부자 부모에 대해 많은 사람들이 착각하고 있는 점이 있다. 부자 부모는 자녀들에게 대단한 금융교육을 시킬 것이라는 착각이다. 어떤 재테크 책에서는 "부자 부모들은 자녀들에게 은행의 금리와 주식펀드 그리고 그에 관한 이율 계산법 등 다양한 금융 정보를 가르치고 있다"고 적고 있다. 그러나 내가 본 현실은 전혀 다르다.

그들이 하는 금융교육이란 아버지의 일을 자녀들이 알아듣게 설명해 주는 게 전부다. 아버지는 어떤 일을 하고 있으며 어떤 생각으로 한 단계 한 단계 업그레이드해 나가는지 차근차근 알려주는 것이다.

그리고 새로운 일을 맡게 되면 그 일을 더 잘할 수 있는 비결을 끊임없이 찾아야 한다든지, 질적인 향상을 위한 자기계발에 시간을 투자해야 한다는 이야기를 들려준다.

"금융지식이 부자 되는 비결이라고 가르치는 것은 정말 위험한 발상입니다. 그 말은 곧 금융정보에 능통한 금융맨만이 부자가 될 수 있다는 말인데 사실은 그렇지 않잖아요. 그건 어디까지나 나의 돈을 불려줄 부차적인 기술이지요. 세상과 나의 일에 대해 이해하는 것이 먼저입니다."

강남아빠들 역시 아이들이 성공하기를 원한다. 강남아빠들은 이를 위해 필요한 것은 재테크 감각이 아니라 자신의 일에 최고가 되고, 또 전문성을 갖는 것이라고 아이들에게 당부한다. 그리고 자신의 분야에서 무엇보다 최고가 되라고 이른다.

기업의 마케팅 책임자로 있는 승원이의 아버지는 대학생이 된 아들에게 무슨 일을 하든지 영업부터 시작하라고 당부한다.

"영업을 제대로 알지 않으면 그 어떤 분야를 개척한다 해도 반쪽짜리 지식밖에 얻을 수 없다. 간혹 사람들은 영업이 거친 직업이라고 생각해서 피하려고 하지만 그런 선입견을 갖지 말아야 한다. 아무리 좋은 디자인의 제품도, 아무리 좋은 품질의 제품도 영업맨의 열정이 녹아들지 않으면 사장되고 만다. 어디서든 성공하려면 시장을 읽어야 한다. 영업맨으로서의 경험은 평생을 이끌어가는 귀한 자산이 될 것이다."

아버지의 말씀을 귀담아 들은 승원이는 대기업 공채에서 영업 분야에 지원을 했다. 그리고 아버지의 말을 인용해 자신의 지원 소감을 당당히 밝혔다. 합격한 것은 당연한 일이었다.

"저는 이제 승원이에게 영업이란 상대와 내가 똑같은 이익을 가져야 한다고 강조합니다. 물건을 팔고 돈을 받는 단순한 관계가 아니라 상대에게 늘 도움을 주고자 노력해야 한다고요. 윈윈게임이 되었을 때 진정한 영업맨이자 가치 있는 직장인으로서 의미를 갖는 것이니까요. 그리고 네가 오를 수 있는 최고의 자리를 꿈꾸라고 말합니다."

입사 5년차인 승민이는 해당 분야에서 최고의 연봉을 받고 있다.

고등학교 1학년인 우주는 기업가 마인드를 일찍부터 갖고 있는 아이다. 아버지는 회사를 운영하는 분이다. 우주 아버지는 혼자의 힘으로 국내 명문대와 미국 대학원 과정을 마쳤다. 우주는 그런 아버지를 존경했다. 우주가 태어났을 무렵 우주 부모님은 햇볕도 들지 않는 반지하 집에서 생활했다. 그들이 가난했던 시절의 에피소드를 들려줄 때 우주의 눈빛은 아버지에 대한 자랑스러움으로 가득했다. 그리고 우주 자신도 아버지의 뒤를 이어 사업가가 되고자 마음을 굳히고 있었다. 기회가 있을 때마다 아버지로부터 기업가 정신에 대한 강의를 듣고, 그 자부심을 키워온 덕분이다.

"중요한 연구를 해서 노벨상을 타거나 오지에서 봉사활동을 하는 사람도 소중하지만, 훌륭한 기업을 일구는 사람도 그에 못지않다. 훌륭한 기업가가 세상에 미치는 영향력은 막대하다. 기업가에게 가장 중요한 정신이 무엇인지 아니? 바로 '나는 안 돼!' 라는 마인드를 버리는 것이다. '어떻게 하면 그것을 가능하게 할까' 라는 사고방식이 무엇보다 중요하다."

아버지는 사업가로서 알아야 할 비즈니스 기술에 대한 조언도 자주 한다.

"사업하는 사람들에게 협상은 처음이자 끝이다. 몇 만 달러가 걸린 큰 협상도 있지만 점심을 무엇으로 먹느냐 같은 아주 사소한 협상도 있다. 협상이란 나와 상대 모두가 만족스러운 것이어야 한다. 내 이익만 챙겨서도 안 된다. 상대에게 만족감을 주지 못한 협상은 잘된 협상이 아니다."

그리고 상대방을 설득할 때는 어떤 시간에 어떤 자리에서 해야 하는지, 내가 불리한 협상 자리에서는 어떤 테이블에 앉는 것이 좋은지, 끝까지 내 사람으로 남을 사람은 어떻게 알아보는지 등에 대한 설명도 덧붙인다.

아버지의 가르침 덕분인지 우주는 사람 대하는 태도가 남달랐다. 우주 본인은 느끼지 못했지만 상대를 배려하는 듯하면서도 결과적으로는 자신이 원하는 바를 모두 얻어냈다. 늘 자신이 원하는 시간대에 나의 강의를 들었으며, 다른 아이들보다 많은 정보를 내게서 얻어갔다. 타고난 것인지 아버지의 영향 때문인지는 몰라도 우주는 훌륭한 기업가가 될 자질이 충분했다.

　고1인 승민이는 자신의 진로를 아주 어렸을 때부터 결정한 학생이다. 승민이의 꿈은 의사다. 승민이는 한국뿐 아니라 세계적으로 활동하는 저명한 학자가 되고자 한다. 신약을 개발하는 의사, 노벨 의학상을 받는 의사가 꿈이다. 의사인 아버지의 영향이다. 아버지는 승민이에게 '진짜 의사'가 되라고 이른다.

　"아버지는 단순한 돈벌이로 생각한다면 의사보다 더 좋은 직업은 많다고 하셨어요. 다른 직업은 몰라도 의사만큼은 돈벌이로 생각하면 안 된다고요. 주변 분 중에 병원수를 늘리려고 부동산 투자나 주식투자 하는 의사들이 많은데, 그 정신으로 어떻게 환자를 돌보는지 이해가 안 간다고도 하셨죠. 실제로 탈세의혹으로 세무조사를 받다가 건물을 팔아서 추징된 벌금을 낸 분들도 있대요. 제게도 부자가 되고 싶으면 의사 말고 다른 일을 하라고 하셨어요. 의사라면 책보고 연구하는 데 가장 많은 시간을 쏟아야 한다고 말씀하셨어요."

　승민이 아버지는 아이를 가끔씩 병원으로 불러 이곳저곳을 둘러보게 한다. 병원에 MRI 기계가 처음 들어오던 날도 승민이는 아버지와 함께 있었다. 아버지가 집도하는 수술도 본 적 있다. 승민이의 발가락에 문제가 생겨 아버지께 직접 수술을 받은 적도 있다. 그때 아버지는 승민이에게 이것저것 설명을 해주셨다. 간단한 병의 징후나 증세 등에 대한 내용도 의학책을 보며 설명해 준다. 덕분에 승민이는 의학 업계 상황에 대한 정보가 풍부했고, 의학 지식도 일반인보다 한 수 위였다. 의사에 대한 비전 역시 높았다.

"의사만큼 사람들의 행복에 도움을 줄 수 있는 사람도 없는 것 같아요. 저는 연구하고 공부하는 의사가 되어 아직 해결하지 못한 인류의 질병에 도전하고 싶어요."

내 아이를 위한 강남아빠들의 특별한 교육 노하우 ⓫

금융지식이 아니라 일에 대한 열망을 가르친다

● 자기 분야에서 성공한 강남아빠들은 돈을 좇기보다는 꿈을 먼저 좇으라고 충고한다. 돈이란 자기 분야에서 최선을 다하면, 명예와 함께 자연스레 따라오는 것이라고 믿기 때문이다. 강남아빠는 이것이 인생 최고의 투자라고 충고한다.

삶의 주도권을 아이에게서
빼앗지 않는다

"EBS 강의가 의외로 좋던데요. 친구들을 통해 좋다는 학원이나 선생님은 모두 만나봤어요. 그런데 사회나 도덕 같은 과목은 EBS 강의가 제일 좋았어요."

강남에서 그것도 고등학생이 EBS 강의를 듣는다는 아이는 유정이가 처음이었다. 유정이는 명강사가 등장했다고 친구들과 영화 보러 가듯 학원가를 몰려다니는 여느 학생들과는 달랐다. 수업에 있어 이해도나 집중력도 매우 뛰어났다. 어릴 때부터 아빠로부터 '선택'의 기회를 많이 부여받은 덕분이다.

"무엇이든 유정이가 선택하도록 했습니다. 그리고 선택에는 책임이 따른다는 것도 알려주었지요. 공부하라 채근한 적도 없습니다. 중간고사 기간에 영화를 보든 연극을 보러 다니든 간에 잔소리하지 않았습니다. 네 삶의 주도권은 네가 갖고 있어야 한다는 뜻이었지요. 어릴 때 모형 장난감 조립도 절대 도와주지 않았습니다. 몇날 며칠을 붙잡고 있다가 결국 스스로 해내더군요."

내가 유정이를 가르치게 된 것도 유정이가 직접 연락을 해왔기 때문이다. 일면식도 없는 내게 "선생님께 배우고 싶다"고 전화를 한 것이다. 유정이는 중학교 때부터 필요한 과외수업이며 학원수업을 본인이 모두 알아서 선택했다.

"저도 한때 다른 엄마들과 휩쓸려 다니곤 했는데 결과적으로 어리석은 일이라는 생각이 들더군요. 오히려 유정이가 스스로 알아서 공부할 때보다 성적이 크게 떨어졌어요. 무엇이든 엄마 탓이라고 둘러대며 스트레스도 대단했고요. 유정이 아빠의 말대로 정말 아이를 위하는 길이 아니라는 생각이 들더라고요."

지금 유정이 어머니가 고민하는 것은 값비싼 학원이나 과외선생님이 아니라 유정이와 함께할 뮤지컬이나 음악회 일정표다. 세계적인 뮤지컬 감독이 되고 싶다는 유정이의 계획 때문이다.

아이들에게 자신의 삶의 주도권을 갖게 한다는 것은 외부의 영향력으로부터 자신만의 규칙을 갖게 한다는 것을 뜻한다. 또한 외부의 칭찬이나 비난에 크게 흔들리지 않고, 남들의 시선으로부터 자유롭다는 뜻이기도 하다. 친한 친구가 권하는 술이나 담배 또는 이성교제 등도 자신의 원칙에 따라 자제할 줄 아는 힘을 갖는다. 이는 아이들에게 많은 선택과 책임의 권한을 주는 데서 출발한다.

강남아빠들은 이러한 의미를 잘 알고 있다. 특히 이들은 아이들의 로드매니저 역할을 하는 엄마그룹들의 행태를 이해하지 못했다.

"엄마들이 아이들의 학원 시간표를 일일이 짜서 관리한다는 사실을 알고는 깜짝 놀랐어요. 아이를 대신해서 시험 때 과목 요약정리를 해주는 어머니도 있어요. 심지어 아이 대신 수강신청을 하러 오는 어머니도 있는 걸요. 명문대를 다니고 허우대는 멀쩡해도 자기 인생의 주도권을 잃어버린 반쪽짜리 인생에 불과하지요."

경수 아버지 역시 대치동 학원가에서 아이를 빼내어온 대표적인 경우다. 어느 날 아버지는 경수의 학원 시간표를 보고 깜짝 놀랐다.

"새벽 1시까지 빽빽하더라고요. 스케줄대로 아이가 움직인다고 봤을 때 혼자서 과목을 되씹고 예습 복습할 시간이 거의 없더라고요. 제 상식으로는 공부는 그렇게 하는 것이 아닙니다. 당장 아이와 1 : 1 면담을 했죠. 아이 스스로도 많은 한계를 느끼고 있었습니다. 학원을 그만두고 아이 스스로 계획을 세워 공부하게 했죠."

성적이 바닥을 칠 것이라는 엄마의 우려와는 달리 들쭉날쭉하던 경수의 성적은 안정적으로 상위권을 유지할 수 있었다. 고3이 되자 경수는 국제적인 금융맨이 되고 싶다는 제 꿈을 살려 미국 유학을 원했다. 하지만 경수 아버지는 쉽게 허락하지 않았다.

"유학에 필요한 모든 과제들과 서류들을 스스로 준비해라. 어느 누구의 도움도 받지 않고 말이다. 그렇게 해서 입학허가서를 받을 경우에만 허락하겠다."

그런 아버지의 태도에 경수는 서운한 마음이 들었다. 그러나 이내 마음을 다잡고 입학원서가 덜 복잡한 학교들을 물색했고, 그 결과 경수는 혼자의 힘으로 미국의 주립대 입학허가서를 받을 수 있었다.

"정말 혼자서 해냈어요. 처음부터 누구의 도움도 받을 생각을 하지 않으니 작은 정보라도 귀하게 챙기게 되더라고요. 결과적으로 현지에서의 시행착오도 많이 줄인 것 같아요. 물론 그냥 포기하고 수능이나 볼까도 생각했지만 아빠를 믿고 저 자신을 믿었죠."

입학에 필요한 서류들조차 자신의 힘으로 마련하지 못하면 그 후에 다가올 일들을 어떻게 감당할 것인지, 또 그럴 때마다 누군가에게 부탁하러 다니는 것이 옳은 것인지에 대한 깨달음이 왔다고 한다. 바로 경수 아버지가 의도하는 바였다.

"주변의 조언은 말 그대로 도움일 뿐입니다. 그것이 설령 부모라도 말입니다. 어떤 일이든 자신이 최종 결정을 내린다는 책임감이 있어야 문제의 핵심에 접근하는 기술도 생깁니다. 그럴 때 자신에게 필요한 정보들을 식별해 내는 안목도 생기는 법이지요. 저는 경수가 자신에 대한 신뢰와 자신감으로 사회생활을 하기 바랍니다."

경수는 입학허가서만 갖고 유학을 간 게 아니었다. 아버지의 바람처럼 스스로 준비했다는 자부심과 자신감을 확실하게 챙겨 떠났다. 경수는 지난 두 학기 모두 전과목 A를 받은 성적표를 집으로 보내왔다.

　부모들은 아이들의 행복을 위해서 애쓴다. 그래서 아이들에게 성가시고 복잡하게 될 만한 일을 줄여 주려고 노력한다. 하지만 자기 주도적인 삶의 중요성을 강조하는 정신과 메더스 박사의 견해는 이와 다르다. 《스스로 생각하고 행동하는 아이로 키우는 노하우 7가지》를 쓴 메더스 박사는 "부모의 역할은 아이들이 주변 환경을 이해하고 스스로 조절하는 능력을 가지도록 돕는 것이다. 그러기 위해서는 내면과 대화할 수 있도록 많은 권한과 책임을 주어야 한다. 하나하나 간섭하고 참견하는 것보다는 내버려 두는 것이 오히려 낫다"고 충고한다.

　아버지의 교육 참여가 필요한 것도 바로 이 때문이다. 심리학적으로 여성의 양육방식은 보호하고, 감싸고, 낯선 것에 경계하도록 되어 있다. 하지만 남자는 다르다. 모험과 도전을 즐기도록 허용한다. 심리학자인 로버트 모래디 캘리포니아대 교수는 몇 해에 걸쳐 아이들을 어머니가 키우는 집단과 아버지가 키우는 집단으로 나누어 연구하며 이 결과를 발표했다.

　"아이가 눈에 띄지 않는 곳으로 가거나 모르는 사람, 새로운 장난감 등 낯선 상황에 처했을 때 어머니들은 본능적으로 아이들을 제재합니다. 반면 아버지들은 그런 신호를 그다지 위험하다고 생각하지 않았죠. 아버지들은 아이들에게 그 대상을 관찰하고 탐구하고 판단할 수 있는 시간을 허용했습니다."

이런 상반된 육아방식은 아이의 정서발달에 큰 영향을 끼쳤다. 아버지의 보살핌을 받고 자란 아이들의 경우 낯선 상황에 비교적 잘 적응한 것이다. 이를 통해 모래디 교수는 "아버지의 양육방식이 아이들에게 새로운 것을 향한 도전과 실험정신을 돕는 데에 더 유효하다"는 결과를 발표했다. 결국 아이들이 자신의 삶에 대한 주도권을 갖기를 원한다면 '내버려 두고, 풀어주려 하는' 아버지의 교육방식에도 한 표를 주어야 한다는 것이다.

내 아이를 위한 강남아빠들의 특별한 교육 노하우 ⑫

아버지는 언제나 아이를 믿는다는 사실을 깨닫게 한다

● 형준이가 고등학교에 올라가 첫 성적표를 받던 날 형준이 집은 진한 암운이 감돌았다. 중학교 때 전교 10등을 맴돌던 아이가 상상을 초월한 점수를 받아온 것이다. 아무 말 없던 아버지는 다음날 학교로 찾아가 교장선생님을 만났다.

"내 아들에게 문제가 있을 리 없습니다. 학교 평가 과정에 문제가 있는 것이 분명합니다!"

옆에서 아버지의 말을 듣고 있던 형준이는 아버지가 그렇게까지 자신을 믿고 있다는 사실에 감동했다. 그리고 성적을 올리기 위해 책상에 앉아 내려올 줄 몰랐다. 아이들을 믿어야 한다. 부모의 믿음에 100배로 보답하는 게 그들이다.

강남아빠라고 무작정 기회를 주는 것은 아니다

'Opportunity seldom knocks twice.'

기회는 두 번 문을 두드리지 않는다. 강남아이들 책상 위에 붙여진 포스트잇에서 가장 많이 본 글이다. 현재의 시간을 허투루 보내지 않기 위한 아이들의 마음이 그대로 전해진다. 간단한 그 글귀를 보며 아이들은 나태해지려는 자신을 채찍질하는 것이다. 그러나 이를 좌우명으로 삼는 것은 아이들뿐만이 아니다. 강남아빠들 역시 "기회란 두 번 다시 오지 않는다!"라는 말을 자주 되뇌곤 한다. 아이들 교육문제에 있어서는 더더욱 말이다.

명진이의 아버지 역시 그러했다. 엄격한 아버지의 교육철학 탓에 명진이는 외국어에 관한 한 남다른 능력을 갖게 되었다. 현재 대기업에 다니고 있는 명진이는 유학파도 아니면서 영어를 자유자재로 구사하는 재원으로 통한다. 물론 명진이가 외국 구경을 전혀 못 해본 것은 아니다. 기업을 경영하는 아버지 덕분에 해외여행 경험은 잦았다. 그러나 여행의 경험이 외국어 실력으로까지 이어지게 된 데에는 남다른 사연이 있었다.

고등학생이던 명진이가 가족들과 함께 프랑스로 해외여행을 갔을 때다. 프랑스 정통 레스토랑으로 들어간 아버지는 명진이에게 요리를 주문하라고 말씀하셨다. 명진이의 프랑스어 실력을 직접 보고 싶었던 것이다. 아버지의 느닷없는 말씀에 명진이의 머릿속은 백지장처럼 하얘졌다. 프랑스어와 영어를 섞어 가며 가족들의 기호를 할아버지 지배인에게 가까스로 전달한 명진이는 아버지로부터 평생 잊지 못할 말씀을 들어야 했다.

"음식 주문 하나도 제대로 못하면서 어디 가서 프랑스어 공부한다고 말하지 마라. 겨울에 다시 올 생각이다. 만약 그때도 네가 제대로 하지 못한다면 앞으로 어학연수고 뭐고 없다. 그리고 외국어에 관한 한 너에게 절대 투자하지 않을 것이다. 명심해라. 내가 너에게 두 번 다시 투자하는 일은 없을 것이다."

내심 아버지로부터 칭찬을 기대했던 명진이는 얼굴이 새빨갛게 달아올랐다. 배우는 것에 관한 한 철저했던 아버지 눈에 명진이의 프랑스어 실력이 턱없이 모자랐던 것이다.

아버지의 평가로 자존심에 상처를 입은 명진이는 몇 달을 프랑스어에 빠져 지냈다. 명진이에게는 학교 성적표보다 훨씬 중요한 게 아버지의 인정이었다. 명진이에게는 그해 겨울이 다가오는 게 기말고사를 앞둔 것보다 더욱 초조했다.

"아버지 앞에서는 뭘 안다고 할 때 정말 조심해야 해요. 아버지는 제대로 알지도 못하면서 안다고 잘난 척하는 걸 제일 싫어해요. 그런 아버지 덕분에 무엇을 하든 철저한 준비를 하려는 습관이 몸에 밴 것 같아요. 기회는 두 번 오지 않거든요."

'자식 이기는 장사 없다'고 하지만 강남아빠들은 그렇지 않다. 아이들에게 원칙을 주지시키고 이를 어길 때는 매우 단호하고 냉정했다. 이런 아빠들 곁에서 자란 아이들은 무엇보다 자기관리가 철저했다.

다빈이라는 중학생이 있었다. 다빈이는 영어공부를 매우 좋아했기 때문에 어학원의 원어민 과외를 즐거운 마음으로 소화하는 학생이었다. 하지만 다빈이가 크게 신경 쓰는 것이 있었으니 바로 아버지의 테스트였다. 아버지는 내게도 단원을 마칠 때마다 반드시 테스트를 하고, 기록을 남겨달라고 했다.

"아버지는 테스트 결과를 계속 체크하세요. 그러다가 테스트 성적이 좋지 않다고 판단되면 바로 수업을 중단시키세요. 제가 열심히 하지 않는 과목은 굳이 돈 들일 필요가 없으니까요."

다빈이가 자기관리가 철저하게 된 데에는 나름대로 이유가 있었다. 1년 동안 영어 수업을 받지 못했던 경험 때문이다. 한때 컴퓨터 게임을 하느라 원어민과의 회화수업을 자주 미룬 적이 있었다. 덕분에 어학테스트도 여러 차례 기대 이하의 성적을 받았다. 이에 아버지는 다빈이의 영어 과외를 모두 중지시킨 것이다.

"다빈이 네가 받을 수 있는 수업 기회는 이미 지나갔다!"

아버지는 다빈이에게 "영어공부를 하든 말든 네가 알아서 하라"는 말씀만 남기셨다. 다빈이에겐 청천벽력 같은 통보였다.

"이젠 다시 수업을 미루지 않을게요. 열심히 해서 다음 테스트에선 꼭 좋은 점수를 받을게요."

다빈이의 간곡한 애원도 소용없었다. 그렇게 영어공부를 하고 싶다면 혼자서 하라는 게 아버지의 뜻이었다. 다빈이는 하는 수 없이 혼자서 공부했다. 처음에는 환심을 사고자 단어를 외우고 공부하는 모습을 아버지께 보이려고 노력했다. 그러나 아버지는 눈길 한번 주지 않았다. 하는 수 없이 다빈이는 어머니께 단어테스트를 받았다. 혼자 공부계획을 짜서 테이프를 들어가며 리스닝을 했고, 단어를 외웠다. 그리고 실천한 부분은 동그라미를 쳤다. 그렇게 1년이 지나자 아버지는 다빈이에게 영어수강을 허락하셨다.

"사실 아버지가 너무하신다는 생각도 많이 했어요. 가끔 땡땡이 칠 수도 있지. 언제나 영어공부가 좋기만 하고 수업이 재미있는 것만은 아니잖아요? 그런데 혼자 공부하는 기간에 깨달은 게 많아요. 내가 가진 기회가 얼마나 소중한 기회였는지 알게 되었던 거죠. 아버지가 나중에 말씀하시더라고요. 실천하지 않으면 아무것도 얻을 수 없는데 아들인 제가 항상 다음으로, 다음으로 미루는 사람이 돼서 꼴찌로 살까봐 걱정하셨다고요."

아버지는 1년간의 유예기간을 풀면서 아들에게 직접 쓴 카드 한 장을 건넸다.

"다빈아, 오늘 네 손에 들어 온 기회가 마지막이라고 생각하고 움직여라. 일단 뛰면서 필요한 것들을 궁리해라. 나중에 하겠다는 핑계는 대지 마라. 중요한 것은, 바로 지금 해야 한다는 것이다. 그건 아버지든 어머니든 누구도 도와줄 수 없다. 명심해라. 아빠라고 해서 너에게 무작정 기회를 주는 것은 아니다."

내 아이를 위한 강남아빠들의 특별한 교육 노하우 ⑬

원칙을 주지시키고 이를 어길 때는 단호하게 처리한다

● 강남아빠들은 자녀들이 아빠의 후광 속에서 나태해지는 것을 한없이 경계한다. 남들보다 특별한 기회가 주어지는 만큼 그 기회를 더없이 소중하고 값지게 사용하기를 원하기 때문이다. '소득이 없는 곳에는 투자하지 않는다' 라는 룰은 사업뿐 아니라 자녀교육에도 통용된다.

시간은 돈을
주고라도 사라

한승이는 의대를 졸업하고 현재 종합병원 레지던트로 근무하고 있다. 내게 공부를 배울 때 한승이는 과외시간에 맞추어 늘 현관 밖에서 나를 기다렸다. 한승이의 아파트에 도착하면 엘리베이터 앞에서 책이나 신문을 읽고 있던 아이와 마주칠 수 있었다.

"어떻게 선생님을 방 안에 앉아서 기다릴 수 있어요?"

말은 이렇게 했지만 묘한 것은 녀석의 행동에 나는 무언의 압력을 받았다는 것이다. 처음에는 그러려니 하고 받아들였지만 얼마가 지나자 한승이의 행동은 이렇게 해석되었다.

'난 늘 선생님을 이렇게 기다리고 있다. 날 기다리게 하지 않으려

면 제시간에 와라. 그리고 열심히 가르쳐 달라.'

이렇게 생각한 것은 바로 한승이 벽에 있는 '15분의 법칙'이라는 액자 때문이었다.

1년 동안 하루 15분만 집중한다면

성경책을 모두 읽을 수 있고

원하는 몸매를 만들 수 있고

원하는 악기를 배울 수 있고

외국어 하나를 배울 수 있고

테니스나 골프를 칠 수 있게 된다.

3년 동안 하루 15분만 집중한다면 그 어떤 일에도 전문가가 될 수 있다.

하루에 15분씩만 집중해서 노력한다면 그 어떤 일이라도 해낼 수 있다.

아버지의 선물이라고 했다. 덕분에 나는 2년여 동안 한승이네 집에 드나들면서 한 번도 시간에 늦은 적이 없다. 오히려 거의 10분 전에 도착하곤 했다. 열일곱 살 한승이의 입에서 세상에서 가장 중요한 건 바로 '시간경영'이라는 말이 서슴없이 나오곤 했다.

"늘 바쁘다고 또는 돈이 없다고 투덜대는 사람들의 공통점은 무엇인지 아세요? 바로 '시간'이에요. 성공한 사람들은 시간을 잘 활용하지만, 그렇지 못한 사람들은 늘 시간에 끌려 다녀요."

이는 아버지가 틈날 때마다 한승이에게 일러준 말이었다.

"저는 한승이가 '시간경영'에 대한 원칙만 제대로 갖고 실천한다면 자기 인생을 성공적으로 꾸릴 수 있다고 확신합니다. 나이 들어 깨달으면 늦습니다. 학창 시절에 그 의미를 체험해야죠."

경호 아버지 역시 마찬가지다.

"저는 돈과 시간을 맞바꿀 수 있다면 차라리 돈을 주고 시간을 택하라고 말합니다. 시간은 모든 가능성의 시작입니다. 사람들은 돈과 시간이 같다고 하지만, 그건 틀린 말입니다. 돈을 주고도 살 수 없는 것이 바로 시간입니다."

경호는 이러한 아버지의 가르침을 어기고 시간보다 돈을 선택해 호된 꾸중을 들어야 했다. 경호가 초등학교 6학년 때의 일이다.

"대치동에 있다가 분당으로 이사를 갔어요. 대치동에 있는 학원에 계속 다녔는데, 집으로 돌아오는 길에 버스를 한 번 놓쳤어요. 곧 오겠거니 했던 버스가 40분이 넘어서야 도착했어요. 게다가 길이 막히는 통에 예정보다 무려 한 시간 반을 넘겨서야 도착할 수 있었어요. 그날 전 처음으로 아버지께 꾸지람을 들었어요."

주머니에 돈이 있었는데 왜 바로 택시를 타지 않았느냐는 것이 꾸지람의 내용이었다. 버려진 시간을 무엇으로 보상받을 것이냐는 아버지의 훈계는 고등학생이 된 지금까지 경호의 머릿속에 각인되어 있다. 때문에 경호는 지금도 문제해결의 우선 순위를 '시간'으로 둔다. 어떤 행동을 할 때 '내가 과연 가치 있는 일에 시간을 쓰고 있는

가' 라고 스스로에게 되묻는다는 것이었다.

강남아빠들은 이처럼 아이들에게 시간관리의 중요성을 지나치리만큼 강조한다. 이 부분에서만큼은 무엇보다 엄격해진다. 이들에게 자녀들을 '아침형 인간' 으로 키우는 것은 빠뜨릴 수 없는 과제이다.

"졸더라도 책상에서 졸아라!"

찬진이네는 새벽 5시에 온 가족이 일어난다. 찬진이가 외고를 준비했던 중학교 3학년 때부터 아버지는 아침 5시가 되면 어김없이 모든 가족들을 깨웠다. 아버지는 찬진이와 동생을 책상에 앉히고 하루 일과를 적게 한 뒤 책을 읽게 하고, 읽은 책은 독서노트에 정리하도록 했다. 찬진이는 덕분에 언어영역이며 사회탐구영역은 수업시간에 하는 공부만으로도 늘 좋은 등급을 받았다. 외고에 무난히 합격한 찬진이는 새벽 공부가 이제 몸에 익었다고 했다.

"처음에는 너무 괴로웠는데, 적응하니 그보다 소중한 시간이 없는 것 같아요. 그런데 친구들은 새벽 공부 맛을 모르는 것 같아요. 저는 새벽 때가 가장 머리가 맑아요. 새벽 두 시간은 저녁 네 시간의 집중력과 맞먹는 것 같아요."

이는 어떤 전문가의 말을 빌어온 것이 아니라 찬진이 스스로가 깨달은 것이다. 찬진이는 밤 늦게까지 공부하는 친구들이 너무나도 안타깝다고 말했다. 새벽에 일어나서 하면 될 것을 쓸데없이 몸만 혹사시킨다는 것이었다. 아침에 일어나면 하루가 얼마나 긴지, 또 얼마나 효율적으로 쓸 수 있는지 한참이나 내게 강연을 하기도 했다. 그런 면에서 찬진이 아버지는 자신의 바람대로 아들에게 큰 유산을 물려준 듯하다.

"경제적으로 큰 유산은 물려주지 않더라도 아침 일찍 일어나는 습관 하나만은 제대로 물려주고 싶습니다. 물고기를 주기보다는 고기 잡는 법을 일러주라고 하지 않습니까! 제가 깨달은 '고기 잡는 법'이란 바로 아침 일찍 일어나는 것입니다."

내 아이를 위한 강남아빠들의 특별한 교육 노하우 ⓮
시간은 돈보다 중요하다는 것을 가르친다

● 시간관리의 중요성은 성공에 이른 모든 사람들이 한결같이 강조하는 말이다. 많은 사람들이 그 말에 동의하기는 하지만 실제 삶에 적용하기까지는 많은 시행착오를 거치곤 한다. 하지만 이들 강남아빠들은 시간이란 돈과도 맞바꿀 수 없는 소중한 자산이라는 것을 일찌감치 아이들이 깨닫도록 하고 있다.

누구든 내 사람으로
만드는 방법을 가르친다

때때로 강남아이들을 가르친다고 하면 어떤 사람들은 '쯔즛' 하고 혀부터 찬다. 부모 돈만 알고 버르장머리 없는 아이들을 다루려니 힘들지 않느냐는 것이다. 하지만 천만의 말씀이다. 경험한 바에 의하면 강남에는 공부도 잘하고, 외모도 반듯하고 거기다가 예절까지 깍듯하고, 진심으로 남을 향한 배려심이 넘치는 아이들이 적지 않다. '누군가를 내 사람으로 만드는 법'을 알고 있는 것처럼 행동하는 이 아이들을 만나며 이것이 천성인지 넉넉한 환경에서 기인한 후천적인 교육에 의한 것인지 의아할 때가 한두 번이 아니었다. 그런데 결론은 후자 쪽에 가까웠다.

대한민국 사회에서 자기만 똑똑해서는 성공할 수 없다는 사실을 깊이 체험한 강남아빠들은 아이들이 어릴 때부터 사람을 대하는 법을 진중하게 이른다. 동욱이가 아버지께 귀에 못이 박히도록 들어온 말도 그것이다.

동욱이 아버지는 서울에서 한참 떨어진 오지에서 태어나 맨몸으로 서울에 입성해 보란 듯이 성공한 분이다.

"아무리 똑똑해도 이 세상은 혼자 살아갈 수 없다. 빌게이츠도 스티브 발머라는 파트너를 만났기 때문에 빛을 발한 것이다. 그 누구도 주변 사람의 도움 없이는 정상에 오를 수 없다. 인생에서 가장 중요한 것은 사람의 마음을 얻는 것이다. 그러기 위해서는 매사에 겸손하고 남을 배려할 줄 알아야 한다. 특히 어려운 일을 당하거나 슬픈 일을 당한 친구들에게는 반드시 힘이 되어 주어라."

동욱이 아버지는 상을 당한 부하직원의 조문을 위해 서울에서 부산까지 손수 운전해서 가는 분이었다. 때론 일부러 동욱이를 데려가기도 한다. 그런 아버지의 가르침 탓인지 동욱이는 사람 대하는 마음 씀씀이가 요즘 아이답지 않다.

인사성이 밝은 것은 물론이고, 수업을 하다가 내 배에서 꼬르륵거리는 소리가 나면 아무 말 없이 나가서 이것저것 먹을 것을 챙겨 들어오곤 했다. 비가 오면 택시를 탈 수 있는 곳까지 우산을 들고 나왔다. 결코 흔한 일이 아니었다.

동욱이는 학교에서 야외로 나갈 일이 있으면 꼭 도시락을 두 개씩 싸간다. 성당에서도 궂은일은 모두 동욱이 몫이다. 동욱이 어머니는 궂은일이 생기면 너도나도 동욱이만 찾는다며 요령을 피울 줄 모르는 아들을 걱정했다. 그러나 동욱이의 아버지는 당연한 일 아니냐고 되묻는다.

"내가 누군가를 미워하면 그 미움은 배가 되어서 돌아오기 마련입니다. 반대로 끊임없이 선의와 친절을 베풀면 그것도 배가 되어 돌아오지요. 저는 동욱이가 유별나게 똑똑하기보다는 사람의 마음을 많이 얻고, 덕망 있는 사람이 되기를 더 원합니다."

세계적인 심리학자이자 경영 컨설턴트인 다니엘 골먼은 《SQ 사회지능》이란 책을 통해 "성공을 위해서는 사람들의 호감을 사고 마음을 끌어당길 수 있는 사회지능지수(SQ)가 필요하다"고 적고 있다. SQ란 결국 상대방의 감정과 의도를 읽고 타인과 어울리는 능력으로, 상대방의 말에 귀 기울여 주고 배려할 줄 아는 능력이다. 즉 배려나 남을 이해하는 마음이 단순한 '천성'이나 '선함'이 아닌 사회적인 능력이라는 것이다. 한마디로 '속 깊은' 사람이 똑똑한 사람보다 성공할 확률이 높다는 것이다. 실제 성공의 문턱을 넘어선 강남아빠들 역시 비슷한 속내를 지니고 있었다. 이들이 아내에게 주문하는 가정교육의 한 부분은 '겸손하고 예의바른 아이로 키워라!'라는 것이었다.

"어떤 위치에 있든 사람은 늘 겸손해야 한다고 입버릇처럼 말하세요. 태원이가 봉사활동을 시작한 것도 아버지의 권유 때문이었어요. 어느 하나 모자란 것 없이 자라고 있는 태원이가 오히려 걱정이 된다 며 봉사활동을 하는 게 어떠냐고 말하더군요."

태원이 어머니 말에 의하면, 태원이가 지체장애아 시설에서 봉사 활동을 한 것은 아버지의 권유 때문이었다고 한다. 행동 하나하나가 반듯한 태원이는 요즘 아이들이 하나쯤은 갖고 있는 메이커 있는 신 발이나 명품 가방도 없다.

"봉사활동 덕분이에요. 그 아이들을 보면서 제 자신을 많이 반성 하게 되었거든요."

태원이가 지체장애아 시설에서 봉사한 지 벌써 1년이 넘었다. 태 원이는 그들에게 어떻게 하면 덧셈, 곱셈의 개념을 이해시킬 수 있을 지를 나와도 여러 번 의논했으며, 참고서적까지 찾아보는 열성을 보 였다. 아이들에게 시간 보는 법을 가르칠 거라며, 손수 만든 시계판 을 보여주기도 했다. 하루는 그 아이들과 패스트푸드점에 가서 점심 으로 햄버거를 먹었다고 한다.

"햄버거를 처음 먹어 본다고 해서 꽤 놀랐어요. 내가 얼마나 선택 된 환경에서 사는지 새삼 깨달았어요. 그리고 좀 미안했고요. 좀더 열심히 활동해야겠어요."

아버지는 태원이 정도의 실력을 가진 아이들은 많다고 생각한다. 그만그만한 아이들 속에서 차이를 만들어내는 것은 결국 사람 됨됨 이라는 것을 아버지는 잘 알고 있었다.

"사회생활을 하다 보면 실력은 다 거기서 거깁니다. 결국 삶의 질을 보장해 주는 것은 단순한 실력이 아닌 인성이더라고요. 그래서 태원이에게 봉사활동을 권했습니다. 자신을 돌아보는 시간이 필요한 때이니까요."

승주 아버지 역시 '실력' 보다는 '사람됨'을 자녀교육의 우선순위에 두고 있었다. 아버지의 바람대로 승주는 '반듯한' 아이의 전형이었다. 승주네 가정교육 원칙의 1순위는 '예절바른 아이로 키우자' 다. 예절교육 또한 인성교육의 연장선상에서 아버지들이 중시하는 부분이었다.

승주는 집의 장녀였고 아래로 동생들이 있었다. 승주의 집에 처음 방문을 하는 날, 아이는 1층 로비에서 나를 기다리고 있었다. 어머니가 처음 오시는 선생님께는 그것이 예의라며 내려 보내셨단다. 본격적으로 얘기하고 싶은 것은 이 다음부터다. 나는 승주와 함께 엘리베이터를 탔다. 승주네 집은 꽤 높은 층이어서 한참을 올라가야 했다. 엘리베이터는 승주네 집까지 올라가는 동안 자주자주 섰고, 승주는 오르는 사람, 내리는 모든 사람에게 공손히 인사를 했다.

"안녕하세요?"

"안녕히 가세요!"

집안에서 뿐만 아니라 밖에서도 마찬가지다. 슈퍼마켓 등에서 일을 하는 분들에게도 매번 "고맙습니다"라는 인사를 잊지 않았다. 승주뿐 아니라 그 집 아이들 모두 그랬다. 이제 막 초등학교에 들어간 꼬마까지 어찌나 열심히 인사를 하는지 놀라울 정도였다. 모두 승주 아버지 덕분이었다.

"우리 회사에서도 보면 '외국 어느 대학에서 무슨 학위를 땄다', '몇 개 국어를 한다' 하고 득의양양 하는 신입사원들이 많아요. 하지만 예절이나 인성 같은 기본을 갖추지 않으면 결국 조직생활에 적응하지 못하고 낙오하고 말더군요. 회사에서 예절교육이다 뭐다 다 해보지만 소용없어요. 결국 가정, 부모들의 책임입니다."

승주 아버지는 아이들의 예의나 교양에 대해 다룬 책을 보면 빠짐없이 사온다. 아이들이 읽기 전에 아버지가 먼저 읽고, 함께 책에 대한 이야기를 나눈다.

"다행히 우리 아이들은 잘 따라주었어요. 덕분에 어디가나 요즘 아이들 같지 않다는 칭찬을 받습니다. 싫지 않던데요."

몇 년 전 미국 부모들 사이에서 베스트셀러가 된 책이 있었다. 바로 《예의 있는 아이가 되는 방법》이었다. 마지막 장에서 저자는 이렇게 적고 있다.

"예절이 몸에 밴 아이들과 그렇지 못한 아이들의 차이는 실로 크다. 예절을 아는 아이들은 주변에 많은 조력자를 얻게 되지만 버릇없는 아이로 낙인찍힌 아이들은 그 누구의 마음도 얻지 못한다. 안타까운 사실은 자신이 무엇을 어떻게 잘못하는지 전혀 모른다는 것이다."

내 아이를 위한 강남아빠들의 특별한 교육 노하우 ⑮

예절 바르고 남을 배려하는
아이로 키운다

● 강남아빠들은 예절이나 인성은 우리가 생각하는 것 이상의 가치가 있다
고 생각한다. 내가 강남아빠들을 늘 새롭게 바라보고 때로 두려워하는
이유는 그들의 재산이 아니라 이렇듯 무형의 가치에 대한 중요성을 알
고 투자한다는 점이었다. 성적도 좋고 성격도 반듯한 아이들이 바로 이
런 부모들 밑에서 자라는 아이들이었다.

아빠와 교류가 많은 아이들은 카네기 책을 읽는다

자녀가 중학생만 되어도 책 읽는 것에 민감해 하는 부모들이 많다. 부모들은 성적이나 논술에 도움이 되지 않는 책들을 아이들이 들고 있으면 반기지 않는다.

그러나 내가 만난 아이들의 책장에는 책이 많았다. 논술에 도움이 된다는 세계명작 같은 책뿐 아니라 《아침형 인간》이나 《적을 친구로 사귀는 법》, 피터 드러커의 《자기경영노트》, 앨빈 토플러의 《부의 미래》까지 어른들의 서가와 큰 차이가 없었다. 아이들의 부모들은 책에 관한 한 이렇게 말한다.

"책 사는 데 돈을 아끼지 마라. 읽고 싶은 책은 먼저 사놓고 봐라."

그런데 신기한 것은 아버지와 교류가 많은 집에는 반드시 '데일 카네기'의 책이 꽂혀 있다는 점이다. 카네기가 누구인가. 인간관계, 성공, 리더십이라는 키워드를 종합해 볼 때 가장 쉽게 떠올릴 수 있는 인물이다.

19세기 후반 미국의 철강산업을 일으킨 카네기는 자신의 저서를 쓰기 위해 카네기재단의 연구 인력을 총동원했다. 주제는 '성공'이었다. 더 많은 사람들을 성공에 이르는 길로 안내하기 위해서 말이다. 그래서 탄생한 대표적인 저서가 《카네기 인간관계론》이다. 현재의 자기계발서들은 모두 이 책의 영향력 아래 있다고 해도 과언이 아니다. 세계 수천만 독자들에게 깊은 감동을 심어준 인간경영의 최고 바이블로 통한다.

"아빠는 정말 카네기를 좋아하세요! 아빠 회사 직원들 치고 저 책들을 안 읽은 사람은 없을 걸요."

외고에 다니는 영지의 책장에는 카네기의 책들이 시리즈별로 잔뜩 꽂혀 있었다. 개정판까지 합치면 10권도 넘었다. 영지는 여성 CEO가 꿈인 아이다.

"지난 방학 때 리더십 캠프에 참가했어요. 그때 카네기 책이 큰 도움이 되었어요. 리더는 하루아침에 만들어지는 게 아니잖아요. 다수를 이끌어갈 비전을 가질 때에만 비로소 진정한 의미의 리더가 되는 거죠. 아빠는 그것들은 진정으로 원하고 노력하는 사람들에게만 온다고 말씀하세요.”

영지는 카네기의 가르침 가운데 '많이 듣고 적게 말하라'는 지침을 실천 중이었다.

“사람들은 자신의 생각을 많이 말하게 될수록 상대에게 호감을 갖기 마련이래요. 그래서 많이 듣고 적게 말하는 것이 중요하대요. 그리고 결국 관계의 주도권을 쥐게 되는 사람은 듣는 사람이래요. 경험해 보니 맞는 말 같아요.”

빌 게이츠가 청소년들에게 주었다는 조언을 신문에서 오려 코팅한 후 책상 한 편에 세워두고 있는 민수 역시 카네기의 책을 감동적으로 읽었다고 말하는 아이다.

“회장 선거 후보로 나서며 연설문 작성으로 고민하고 있을 때 아버지께서 카네기 책을 권해 주셨어요. 많은 도움을 받았어요. 일방적인 나의 계획이나 자랑보다는 친구들이 나에게 존중받고 있다는 느낌을 가질 수 있도록 연설문을 작성했어요.”

물론 연설문은 아버지의 최종 검토 아래 발표되었다. 민수는 무난히 회장으로 당선되었다. 민수는 '시간관리'나 '자기경영'이라는 말을 자연스럽게 쓰는 아이였다.

“스티븐 코비의 《성공하는 청소년의 7가지 습관》도 좋았어요. 코비는 성공의 조건으로 가족을 참 중요하게 생각하는 것 같아요. 가족이 모든 습관의 출발점이기도 하니까요. 그런 면에서 저는 출발이 좋은 셈이지요."

민수는 지금 하고 있는 고등학교 회장 노릇이 장래 자신의 귀한 자산이 될 것임을 알고 있는 영리한 아이였다. 민수는 마치 회사 일을 상의하듯 아버지와 학교 운영에 관한 많은 일들을 상담하곤 했다.

"전체의 의견을 존중하지만 그 뜻에 휩쓸리지 않는 게 제일 어려운 것 같아요. 그런 면에서 아버지를 쫓아가려면 아직 멀었어요."

카네기 책을 읽고 그 내용을 아버지와 토론하는 등 '리더십'에 대해 고민하는 아이들은 친구들이나 사회를 바라보는 스케일이 달랐다. 자신이 왜 공부하는지에 대한 의미도 보다 쉽게 깨달았다. 무엇보다 '리더'라는 과제에 대해 매우 흥미로워했고 '성공'이라는 의미도 또래의 여느 아이들보다는 좀더 구체적으로 받아들였다.

"성공과 행복은 동의어는 아니에요. 하지만 서로 깊은 관계가 있어요. 저는 그 두 가지가 조화를 이루도록 노력할 거예요."

영지의 말이다. 영지가 좌우명으로 삼는 카네기의 '인간관계를 잘 맺는 여섯 가지 방법'은 다음과 같다.

인간관계를 잘 맺는 여섯 가지 방법

1. 그들은 그들에게 관심을 갖는 사람에게 관심을 갖는다.

2. 미소를 지어라.

3. 이름을 기억하라.

4. 경청하라.

5. 상대방의 관심사에 대해 이야기하고 맞장구쳐라.

6. 상대방으로 하여금 중요하다는 느낌이 들게 하라.

내 아이를 위한 강남아빠들의 특별한 교육 노하우 ⑯

인간관계의 중요성을 강조하고, 관련 도서를 읽힌다

● 사회생활에서 좋은 인간관계는 성공의 지름길이다.
30대에 이를 깨달은 사람과 20대에 이를 실천하는 사람, 그리고 10대
시절부터 이를 염두에 두는 사람의 차이는 실로 엄청나다.

과외선생님보다
북 가이더를 자처하라

책에 관한 기억이 선명하게 남는 집이 있다. 주택의 지하공간을 도서관으로 꾸민 집이었다. 아버지가 직접 설계에 참여해 만든 곳이었다. 작은 도서관에는 음악을 들으며 음료도 마실 수 있도록 간단한 편의시설까지 마련되어 있었다. 책의 종류는 예술에서 법 종류까지 매우 다양했다.

얼핏 단순해 보이는 이 공간을 위해 아버지는 다양한 사람들의 조언을 참고했다. 아이들이 다양한 종류의 책을 골고루 읽을 수 있도록 정기적으로 집을 방문하는 가이더guider까지 있었다. 가이더의 역할은 아이들 수준에 맞는 책을 추천해 주고, 독후감을 쓰게 한 후 코멘트해 주는 것이다. 역사와 과학, 철학서까지 그들의 리스트에 올라 있었다. 형제인 아이들이 같은 책을 읽기도 하고, 다른 책을 보기도 하면서 도서관에서 살았다. 아버지는 이런 공간을 갖는 게 평생 꿈이었다고 말한다. 어려운 농촌에서 태어나 현재의 입지를 굳힌 것은 오로지 '책' 덕분이었다고 말하는 아버지다.

"저는 아이들에게 유산으로 돈을 남겨줄 생각은 없습니다. 책 읽는 습관을 들이는 걸로 충분합니다. 학교시험은 못 봐도 이해할 수 있지만 책읽기를 게을리 하면 안 된다는 게 제 방침입니다. 대학입시만을 위해서 교과서만 파는 공부에는 관심 없습니다. 그렇게 해서만 갈 수 있는 게 대학이라면 내 아이들을 거기에 보내고 싶지 않아요."

얼핏 들으면 억척스러운 고집처럼 느껴지지만 아이들은 확실히 달랐다. 이해력이 뛰어났으며, 감수성도 풍부했다. 몸가짐이 유난히 신중했던 것도 그 형제가 또래들과 다른 점이었다. 많은 시간을 들이지 않았는데도 여러 과목에서 골고루 좋은 점수가 나왔다. 읽어온 지식들이 연계가 되어 사고능력을 확장시킨 것이다. 책을 다양하게 읽다 보면 학교에서 배우는 것들은 자연스럽게 소화될 때가 온다. 그 형제들은 그 경계를 넘어선 듯 보였다. 아이들 역시 이젠 책 없이는 못산다고 말했다.

밝고 쾌활한 윤정이는 책 읽는 것을 놀이라고 생각하는 아이였다. 책을 좋아하는 어머니가 지대한 역할을 하고 있었다. 윤정이는 아무리 배가 고파도 책과 빵 중 하나를 선택하라면 책을 선택할 사람이 바로 자신의 어머니일 것이라고 했다.

"책을 사오는 일은 대부분 어머니가 하세요. 좋은 문장이 많은 원서뿐 아니라 서점에서 만나게 된 재미난 책들을 어머니는 정말 거침없이 사들고 오시죠. 1주일에 한 번씩 인터넷서점에서 책이 배달돼요."

아이들이 늦게까지 책상 위에 앉아 있는 날이면 어머니도 어김없이 책을 펼쳐든다. 때때로 드라마를 보느라 누가 집에 왔는지, 가는지도 모르는 엄마들과는 사뭇 다른 풍경이었다.

이 집안에서는 어머니뿐 아니라 모든 식구들이 서로 읽은 책들을 돌려 보고 이야기를 나눈다. 윤정이는 우리나라 역사와 세계사에 푹 빠져 있었는데, 세계사에 관한 책만 하더라도 책장에 빼곡했다. 대학생들이 볼 만한 세계사 전공서에서부터 일반인이 볼 만한 교양 세계사까지 광범위했다. 역사를 좋아하는 아버지를 따라서 읽다 보니 자신도 그 분야가 좋아졌단다.

윤정이의 독서 습관의 결과는 바로 학업에서도 나타났다. 문과였던 윤정이는 1학년 때부터 사회탐구 과목들을 혼자 공부해 왔다. 자신이 선택한 교재로 독학을 해서 2학년 때 이미 3학년들이 치르는 모의고사 사회탐구영역에서 만점을 받았다. 사교육비가 거의 안 들어가는 집이었다.

나와의 수업도 한 학기가 지나기 전에 간단하게 끝났다. 어디 더 좋은 학원이 없는지, 더 좋은 강사가 없는지 찾아다니는 엄마들은 그야말로 게임이 안 되는 집안이었다.

재산을 물려주기보다
책 읽는 습관을 물려준다

● 독서를 중시하는 집안의 공통점은 단순히 논술이나 성적 때문에 아이들에게 책을 권하지 않는다는 것이다. 강남아빠는 아이들에게 더 넓고 높은 세상을 보여주는 지름길이 바로 '책'이라고 믿는다.

밥상머리 교육은 자녀가
세상과 연결되는 최초의 통로

집에서 신문조차 보지 않는 아주 황당한 집도 있다.

"아버지는 회사에서 신문을 보시니까 우리 집에는 신문배달이 필요 없대요."

아이의 말을 듣고 나는 다소 황당했다. 신문은 아버지만 보는 것이라는 고정관념이 아이들을 지배하고 있었기 때문이다. 문제는 그것만이 아니었다. 신문이 없는 집에는 책도 없다. 아이들 방 책꽂이는 학과 교재와 철 지난 에세이집이 고작이었다.

아이들은 과목마다 학원을 다녔으며, 모두 과외교사를 두고 있었다. 학교 성적은 중상위권 정도였지만 아이들의 생각은 초등학교 수준이었다. 고등학교 2학년인 아이는 모든 상황을 '좋다'와 '나쁘다'의 이분법으로 받아들였다. 어떤 인물에 대해 이야기할 때면 "그래서 좋은 사람이냐 나쁜 사람이냐?"는 사실만을 궁금해 했다. 각종 사회 이슈나 상식에 대해서는 아는 것이 전무했다. 답답한 것을 넘어서서 안쓰러울 정도였다.

궁리 끝에 수업이 있는 날이면 신문을 두세 개씩 갖고 가서 수업 중에 아이와 같이 보는 방법을 썼다. 교과목과 연관된 기사들을 스크랩해 아이들에게 코멘트해 주었다. 처음에는 시큰둥하던 아이들도 얼마 지나자 흥미를 느꼈다. 그리고 남매가 모두 신문을 배달해 달라고 엄마에게 요청했다. 그러나 엄마는 아이들의 요청이 의아하다는 표정이었다.

이처럼 아이들이 신문읽기를 어색해 하는 집안의 특징은 아버지의 교육 참여가 극히 미미하다는 것이다. 반대로 아버지가 교육에 적극적으로 관심을 갖는 집안은 아이들의 시사 상식 또한 다채롭다.

정원이네는 새벽 6시가 되면 온 가족이 모여 앉아 아침 식사를 한다. 가족들 모두 귀가 시간이 다르다 보니 아침 식사 때 아니면 만날 시간이 없다며 아버지가 못 박은 시간이다. 식구들은 특별한 일이 없는 한 아침 식사 시간을 반드시 지켜야 한다. 이때 아버지는 딸들에게 신문이나 뉴스에서 자주 오르내리는 토픽을 하나 툭 던진다.

"황우석 교수의 줄기세포 사건을 어떻게 생각하니?"

"FTA 체결에 대해서는 어떻게 생각해?"

"두바이라는 나라가 사람들 입에 자주 오르내리는 이유를 알고 있니?"

어렸을 때부터 시작된 아버지의 질문에 정원이는 식사 때마다 독후감을 한 편씩 써내는 기분이었단다.

"그런 분위기에서 어떻게 밥을 먹을 수 있니? 소화가 돼?"

사촌들이 방문해 함께 아침 식사를 하게 되면 밥도 못 먹고 눈을 동그랗게 뜬 채 구경만 한다고 한다. 하지만 고등학생이 된 정원이는 이제 그러한 일상을 매우 자연스럽게 받아들이게 되었다. 그리고 어떤 누구 앞에서도 자신의 생각을 논리적으로 밝힐 수 있는 아이가 되었다. 정원이네 아침 식탁에는 시사토론뿐 아니라 이제는 아버지의 해외출장에 대한 브리핑도 정기적으로 열린다.

"얼마 전까지만 해도 국제 가전제품 전시회에서 우리나라 기업의 부스는 한쪽 구석에 있었대요. 선생님도 아시죠? 제품을 보러 오는 사람들도 별로 없었고요. 그런데 이번에 그 전시회에서 한국 기업의 부스가 가운데 자리에 가장 넓게 마련되어 있었대요. 사람들이 너무 많이 몰려서 줄을 서서 봐야 했고요. 정말 자랑스럽죠, 선생님?"

덕분에 정원이는 "트렌드를 알아야 시장을 선점할 수 있다"라는 말을 어렵지 않게 썼다. 그리고 국내외 트렌드에 대한 분석도 나름대로 하고 있었다.

세계적으로 명망있는 가문 가운데 하나인 케네디가家 역시 마찬가지였다. 미국에서 여론조사를 하면 존 F. 케네디는 언제나 가장 위대한 대통령 다섯 명 안에 든다. 워싱턴, 링컨, 루스벨트, 레이건과 함께 미국민들이 가장 존경하는 대통령이다. 어떤 이들은 존 F. 케네디를 대통령으로 이끈 요인 역시 아버지와 함께 했던 밥상머리 교육이었다고 말하고 있다.

먼저 케네디의 어머니는 식사시간을 지키지 않으면 밥을 주지 않았다. 약속과 시간의 중요성을 식탁에서부터 일깨워준 셈이다. 그리고 아버지는 식탁에 모인 아이들에게 사업을 하며 겪고 있는 이야기 등 세상살이에 대한 다양한 이야기들을 들려줬다. 때론 《뉴욕타임즈》 기사를 읽고 토론할 것을 제안했으며 독서토론을 벌이기도 했다. 이를 통해 케네디가의 자녀들은 세상살이에 대한 감각을 익혀나갔던 것이다.

강남아빠들 역시 마찬가지였다. 바쁜 아버지들은 식사 시간을 자녀교육에 활용하고자 최대한 노력한다. 식탁 주변에 화이트보드와 매직, 여러 종류의 사전과 신문이 구비된 집도 적지 않았다. 아침 식사 시간에 노트북이 돌아가는 집도 있다. 밥을 먹다가 아이들이 고개를 갸우뚱하면 아버지가 직접 펜을 들어 이해하기 쉽도록 설명하고, 사전을 찾아가며 개념을 정리하며, 노트북으로 정확한 정보를 수집하는 것이다.

"저는 아이들이 '아버지가 30~40년 걸려 어렵게 깨달은 세상의 이치들을 나는 어느 이른 아침 아버지와 함께한 식탁에서 깨달았다'고 기억해 주었으면 좋겠습니다."

아이들은 아버지가 보여주는 세상에 어른들이 상상한 것 이상으로 열광한다. 학교나 성적, 학원 생활에 찌든 아이들에게 아버지는 넓은 세상에 대한 호기심을 던져주는 존재이기 때문이다.

내 아이를 위한 강남아빠들의 특별한 교육 노하우 ⑱
식사시간에 아버지가 요즘 하는 일에 대해서 자주 말한다

● 당신의 자녀는 당신이 하는 일을 제대로 알고 있는가? 그 의의에 대해 적극적으로 알려라. 부모들만 자녀의 성적을 다른 집 아이들과 비교하는 것이 아니다. 아이들도 자기 아버지를 친구 아버지와 저울질한다. 아무리 내세울 것 없는 직업이라도 아버지가 어떤 의의를 갖고 일하는지를 알게 된다면 아이는 그대로 믿고 가족을 위해 성실하게 일하는 아버지를 자랑스러워한다.

● 반면 아버지에 대한 불만을 가진 아이는 아버지가 아무리 성공적인 직업을 갖고 있어도 신뢰하지 않는다. 아버지의 직업을 이해하도록 하는 것은 아버지를 이해하고, 세상을 이해하도록 하는 것이다.

자부심을 가질 만한
집안의 전통을 일러준다

'아버지의 술잔에는 눈물이 반'이라고 했던가.

직장이라는 적자생존의 싸움터에서 이기는 싸움을 하다 보면, 언제나 그 자리에 있을 것 같은 가정은 뒷전으로 밀리는 것이 당연한 수순인지도 모른다. 세상에 자식들에게 일부러 무관심한 아버지는 없을 것이다. 욱진이는 그런 아빠를 용케 이해하는 아이였다.

"대한민국에서 우리 아버지처럼 열심히 일하시는 분은 드물어요."

욱진이의 아버지는 내로라하는 프랜차이즈의 대표였다. 욱진이는 그런 아버지에 대한 자긍심이 대단했다. 아버지의 성공담을 마치 영웅의 무용담 말하듯 하는 아이다. 아들을 어떻게 키우면 저렇게 아버지를 자랑스러워할까 싶을 정도였다.

"아버지는 이제 직원들도 많아져서 본사만 관리해도 되지만 사업은 그렇게 편하게 하는 게 아니라고 강조하세요. 프랜차이즈 창업하는 사람들이 대개 절박한 심정으로 도전하는 사람들이라서 아버지의 노하우가 몇 배로 소중하기 때문이죠. 점포개발이며 상권분석, 메뉴개발까지 직접 하세요."

욱진이가 이토록 아버지를 이해하게 된 것은 아버지가 자신의 이야기를 솔직하게 털어놓았기 때문이었다. 욱진이가 중학교에 입학하던 해에 욱진이는 가족여행을 떠났다. 여행 중에 아버지는 욱진이에게 남자 대 남자로 살아온 이야기를 진술하게 해주셨다.

"아버지는 학력이 없었어도, 탁월한 근성으로 일을 해서 사장으로부터 신망을 얻었다고 해요. 그러다 조그맣게 가게를 열었고, 차차 가게의 평수를 늘렸지요. 물론 그 과정에서 사람들의 배신을 겪으며 다시 빈털터리로 내려앉기도 했지만, 몇 년 후에는 분점을 하나둘 갖게 되고 오늘의 회사를 일구셨어요. 정말 대단한 분이죠?"

욱진이네 여행은 그 이후에도 매년 이어졌으며, 아버지는 아이들이 결혼한 이후에도 가족여행을 떠날 계획이라고 말한다.

"단순한 여행이 아니에요. 우리 가족의 전통이죠. 어떤 책을 읽으니 가족이 함께 휴일을 보냈느냐 못 보냈느냐가 중요한 게 아니라 가정의 전통이라고 하더군요. 가족만의 '무엇'이 있을 때 아이들은 가족을 자랑스럽게 여기고, 편안함을 느끼게 된다고요. 읽으면서 '이거다!' 싶었어요. 매일매일 얼굴을 맞대고 볼 수는 없지만 우리 가족만의 전통과 의식을 만들고 싶었습니다. 그래서 단순히 먹고 즐기는 여행이 아닌 우리 가족의 정체성을 찾아주는 여행을 하기 위해 노력했습니다."

많은 교육학자들은 아버지의 역할을 강조하며 자녀들의 정체성 확립에 더없이 중요한 자리라고 설명한다. 정체성이란 '내가 누구인가'를 깨닫는 과정이다. 아버지는 나는 누구인가, 어디에서 왔는가, 어떻게 살아야 하는가를 보여주는 모델이다. 《아버지로 산다는 것》의 저자 카를 게바우어도 "청소년기에 들어선 아이들은 정체성의 위기를 겪는데, 이때 자신을 둘러싼 아버지와 가족의 역사는 이를 이해하고 극복해 나가는 데 큰 도움이 된다. 아버지란 존재를 비롯해 자신의 뿌리라 할 수 있는 부분은 자아상 형성에 결정적인 영향을 미친다"고 말했다. 다시 말해 아버지나 자신의 가문에 대해 자랑스러움을 가지면 자기 자신에 대한 자아상 역시 긍정적이 된다는 말이다.

앞서 말한 욱진이도 아버지의 지난 이야기를 가슴에 새기며 자신만의 꿈을 당당하게 밝히곤 했다.

"제 성적은 별로 좋지 않아요. 하지만 아빠처럼 열심히 일하는 사람이 될 거예요. 그건 자신 있어요. 그래서 아빠보다 더 큰 회사를 만들 거예요. 아빠는 한국에서만 일하지만 저는 중국이며 인도, 일본에 직원들을 두고 일하는 사람이 되려고요!"

"제가 누구네 집 자식인데, 우리 할아버지가 누군데 어물어물 살겠어요? 미국 애들 이제 저한테 다 죽었어요! 거기까지 가서 집의 돈 갖다 쓰며 공부하지 않을 거예요. 꼭 장학금 받고 기숙사도 덤으로 이용할 거예요. 두고 보세요, 선생님!"

고등학교 내내 소원하던 유학길에 오르며 나영이는 마치 독립운동을 하러 가는 여전사 같았다. 처음 만나는 날도 그랬다.

"어제 영어책 보느라 밤을 새우고 아침에야 눈을 붙였거든요. 집중이 잘 되더라고요!"

첫 수업 시간 여느 아이들처럼 나를 경계하거나 눈치 보는 기색도 없었다. 내가 어떤 사람인지 전혀 궁금하지 않는다는 듯 오랫동안 같이한 사이처럼 수업에 집중했다. 당당하며 자신감을 갖춘, 아무 거리낌이 없는 아이였다.

언젠가는 《해리포터》 시리즈를 쓴 조앤 롤링 같은 작가가 되겠다는 나영이는 친구들이나 주변 분위기에 휩쓸리지 않고 무엇이든 자신이 판단해서 결정하는 아이였다. 남학생이 몰린다는 학교 축제도 가지 않고, 대신 집에서 베르나르 베르베르의 《개미》를 읽는 아이다. 나영이의 독특한 카리스마를 좋아하는 친구들도 꽤 많았다. 그런 나영이는 친할아버지를 제일 존경한다.

"아버지도 눈빛이 날카롭지만 할아버지는 아버지보다 열 배는 더 무서운 분이에요. 할아버지는 사업은 정신력으로 하는 거라며 아버지를 처음부터 호되게 몰아붙였대요. 아버지한테 15층짜리 회사 로비에서 계단으로 뛰어올라 오라고 하고는 15층까지 얼마나 빨리 올라오나 늘 시간을 재셨대요. 좀 느린 날은 몽둥이질도 하시고. 일종의 정신력 강화 훈련이었던 셈이죠."

나영이가 들려준 할아버지에 관한 일화다.

일제 강점기 당시 할아버지는 총알받이로 전쟁터에 끌려가야 하는 상황을 맞았다. 동네 청년 모두 일본 순사에게 이끌려 학교로 모였고, 차를 기다리며 밤을 새우게 되었다. 그 와중에 할아버지는 그 학교로 끌려간 사람들이 다시는 돌아오지 못했다는 것을 알고는 끌려가기 전 주변을 탐색하며 은밀히 탈출계획을 세웠다. 결국 학교 우물가 주변에 하수구가 있다는 걸 알아냈다. 할아버지는 함께 끌려갔던 사촌에게 하수구로 도망치자고 말했다. 하지만 사촌은 "저 더러운 하수구로 어떻게 들어가느냐, 출구가 안 나오면 어떻게 하냐. 그래봤자 죽을 거다"라며 손사래를 쳤다. 하는 수 없이 할아버지 혼자 하수구 속으로 몸을 들이밀었다. 며칠 전 하수구 구멍이 빠듯하다는 것을 확인하고는 먹는 걸 줄여 이미 살을 뺀 후다. 피가 나거나 말거나 온몸으로 기기 시작했다. 역한 냄새와 살벌한 쥐떼들에게 뜯기면서 끝도 없는 하수구 속에서 이를 악물고 앞으로만 기었다. 반드시 밖으로 통하는 곳이 있을 것이라는 믿음을 갖고 말이다. 기력이 떨어져 정신이 가물가물 할 때쯤, 드디어 햇볕이 보였고 할아버지는 무사히 밖으로 나올 수 있었다. 거의 12시간 이상을 기어서 나온 것이었다. 결국 나영이 할아버지는 살고 할아버지의 사촌은 다시 돌아오지 못했다.

"제가 좀 해이해졌다 생각되면 할아버지께서 하수도 굴속을 빠져나오는 모습이나, 아빠가 15층까지 단숨에 뛰어올랐던 모습을 상상해요. 그러면 지금 내가 처한 상황은 큰일도 아니라는 용기가 생겨요."

나영이는 할아버지 이야기를 내게 해주면서 자기 집안이 매우 자랑스럽다고 했다. 그런 면에서 나영이의 아버지는 매우 흡족해 했다.

"우리 집안은 내로라하는 가문은 아니지만 그래도 자부심을 가질만한 자랑스러운 집안이라는 사실을 나영이가 알아줬으면 합니다. 언제 어디서나 기죽지 않고 당당할 수 있도록 말입니다. 우리 선조들이 뼈대를 찾고 가문을 찾았던 것도 바로 이 때문이 아닐까요."

유전자란 반드시 DNA 검사를 해야만 밝혀지는 선천적인 것이 아니다. 보고들은 집안의 역사, 아버지의 역사가 모두 아이들의 DNA가 된다. 나영이 아버지도 아마 그 점을 고려하고 있었을 것이다.

내 아이를 위한 강남아빠들의 특별한 교육 노하우 ⑲

아버지가 어떻게 살아왔는지 가감 없이 들려준다

- 강남아빠들은 자신의 성공 스토리나 가문의 역사, 집안의 내력을 아이들에게 알려주는 노력을 잊지 않는다. 그것이 사실이든 또는 다소 과장된 것이든 이러한 아버지를 둔 아이들은 대단히 당당하고 진취적이다.
- 작가 베르나르 베르베르가 《아버지들의 아버지》를 탈고한 뒤, 왜 그런 소설을 썼는지 묻는 기자들과의 인터뷰에서 한 말이 있다.
- "우리가 어디서 왔는가를 알면, 우리가 가고 싶은 곳으로 좀 더 자유롭게 갈 수 있기 때문입니다."

경제교육은 아빠의 경험을 물려주는 데서 시작한다

대부분의 어른들은 공급과 수요, 국제수지, 환율과 같은 경제 원리들을 학교에서 배웠다. 그것이 왜 중요한지 삶에 어떠한 영향을 미치는지 전혀 인식하지 못한 채 암기과목으로만 이해했다. 나 역시 경제 원리의 중요성을 인식하지 못한 채 사회에 적응해야 했고, 그로 인해 경제란 너무도 어려운 것이라는 선입견을 갖게 됐다. 그렇게 시간이 흐르며 경제 상식의 부족에서 오는 참담한 현실에도 부딪쳐야 했다. 강남아빠들 역시 이 사실을 뼈저리게 깨닫고 있었다. 그래서 자신이 체험하고 깨달은 경제 원리를 쉽고 재미있게 가르쳐 주려고 애썼다.

현재 군 복무 중인 진훈이는 고등학교 내내 음식점을 운영하는 아버지와 함께 가끔씩 시장으로 장을 보러 나갔다.

"저는 아빠와 함께 시장에 가는 시간이 제일 좋았어요. 차 안에서 아빠와 이야기를 하다 보면 시험 공부 때문에 답답했던 마음이 확 풀렸거든요."

아들과 가락시장에 간 아버지는 집에서 먹을 과일을 비롯해 식당에서 쓸 야채들을 이것저것 박스째 사면서 물건을 고르는 안목을 가르쳤다. 그리고 상인들이 단골들을 어떻게 대하는지를 보여 주었다. 상인들보다 물건 보는 안목이 있어야 좋은 물건을 살 수 있다는 이야기도 빼놓지 않는다. 여기 저기 단골 거래처를 다니면서 눈인사도 시킨다. 그리고 식당이 정기휴일일 때에는 아들을 데리고 식당으로 간다. 아무도 없는 식당에서 아버지는 아들에게 시장경제를 가르쳤다. 우선 시장에서 산 재료들의 가격과 메뉴판에 붙여진 가격을 보여주며 묻는다.

"열 배가 넘는 이 가격의 차이를 어떻게 생각하니?"

진훈이는 느낀 대로 대답한다.

"솔직히 좀 심한 것 같은데요?"

그때부터 아버지의 강의는 시작된다. 가격이 어떻게 결정되는지에 관한 내용이다.

"음식의 가격에는 일단 재료비를 포함해 인건비가 포함된다. 재료를 구매하는 사람, 요리하는 사람, 서빙하는 사람, 그리고 차량운행

비를 비롯해 전기세, 수도세 같은 세금에 부가가치세라는 세금도 포함된다. 부동산 비용도 들어간다. 사실 그게 가장 중요하지. 그리고 눈에 보이지 않는 가치도 있는데, 바로 최고를 대접하겠다는 마음이다. 손님들에게 늘 최선을 다해 풍족하게 서비스하겠다는 마음, 그것도 무시하지 못할 가치창조 비용이다."

진훈이는 그때 비로소 열 배의 가격이 이해되었다. 스타벅스의 비싼 커피값도 말이다.

"5,000원짜리 아이스티의 재료원가가 얼마일 것 같아요, 선생님? 100원 정도예요. 비록 원가는 같지만 어떤 지역에서 어떤 서비스로 파느냐에 따라 아이스티의 가격은 천차만별이 되는 거예요. 최고의 맛과 서비스를 통해 최고의 마진을 남기는 것이 장사꾼의 기본이라고 배웠어요. 여기에 고객의 평가를 겸허하게 받아들이는 것도 중요한 자세라고요."

이런 가르침을 받아온 진훈이는 학교 경제시간에 배우는 수요공급의 법칙이며 한계효용의 법칙, 부가가치를 계산하는 내용은 복습과도 같다. 진훈이는 아버지 덕분에 경제뉴스에도 귀가 열리고 경제신문도 챙기게 되었다. 그리고 고2 때부터 슬금슬금 장사를 하기 시작했다. 인터넷에서 값나가는 중고 자전거를 사서 직접 수리한 다음 역시 인터넷에서 이윤을 붙여 팔았다. 중국에 있는 친척에게도 꽤 많은 양의 티셔츠를 팔았다. 그리고 수능이 끝난 후 중고 오토바이를 사서 수리를 한 후 타고 다니다가 한 달 뒤 인터넷에서 팔아 적지 않은 여행 경비를 마련했다.

요즘 진훈이는 무역에 관한 책을 읽는다. 그리고 외국으로 나가 사업을 할 요량으로 영어공부도 틈틈이 한다. 그런 진훈이를 보며 미래의 CEO가 준비되고 있다는 느낌을 받았다. 대학을 졸업하고도 무엇을 하며 살아야 할지 몰라 방황하는 숱한 사람들보다 진훈이는 10년 앞서 가고 있었다.

엔지니어가 꿈인 상진이 역시 마찬가지였다.

상진이네는 5층은 살림집으로 사용하고, 아버지는 그 건물 1층에서 지물포를 하고 있다. 지물포는 주변에 아파트촌이 들어차 있어서 늘 일감이 밀렸기 때문에 여러 명의 직원들을 두고도 바빴다. 일이 많은 날이면 상진이 남매도 일을 거들어야 했다. 상진이는 아버지의 일을 그렇게 거들며 '선점' 이라는 말을 배웠다.

하루는 상진이가 창밖의 큰 도로변에 있는 한 제과점을 가리키면서 말했다.

"선생님 저 빵가게가 얼마나 대단한지 아세요? 저 빵가게는 이 동네 빵을 거의 독점적으로 공급하는 집이에요. 버스 정류장에서 제일 가까운 곳에 있어서 처음부터 장사가 잘 되기도 했지만, 다른 빵집이 생기지 못하도록 빵가게 주인이 손을 쓰거든요. 주변에 제과점이 생긴다는 소문이 나면 바로 그 건물의 소유주를 더 많은 돈으로 매수해 버려요. 그리고는 그 비용을 빵 가격에 붙여 비싸게 파는 거죠. 아마 사람들은 왜 그 집 빵이 비싼 줄 모를 거예요."

상진이는 동네 돌아가는 원리를 손바닥 보듯 들여다보고 있었다.

"그렇게 무서운 게 선점이에요. 어떤 일이든 먼저 자리를 장악한 사람을 따라가려면 보통 어려운 게 아니라고요. 그 다음엔 독점이에요. 어떤 업계에서든지 독점적인 기업이 그 업계 수입의 80퍼센트 이상을 가져간다는 거예요. 아버지는 SK텔레콤의 예를 들어 주셨죠. 우리가 비싼 통신료를 내면서도 어쩔 수 없이 쓸 수밖에 없는 원리가 그 비슷한 거라고요!"

아버지의 조언을 듣고 자란 남매들은 새로운 동네에 가게 되면 아버지 말씀을 자연스럽게 떠올린다. "여기에 어떤 가게를 차리면 잘 될까?"라는 주제가 상진이 남매가 주고받는 대화의 내용이다.

"새로운 지역에 가게 되면 그 지역에 없는 가게가 무엇인지 살펴보는 버릇이 생겼어요. 그리고 그 가게가 왜 없을까 추론해 보죠. 어떤 사람들이 살고 있는지 지역의 특성에 대해서도 고민해 보고요. 그러고 나면 그 지역에 어떤 가게를 차리면 잘 될 수 있는지 금방 알게 돼요."

상진이 남매는 언젠가 일요일마다 가는 교회 근처에 아이스크림 가게가 있으면 장사가 잘 될 것 같다고 얘기한 적이 있었다. 그리고 몇 달 뒤 교회 근처에 상진이 남매의 말대로 아이스크림 가게가 입점했고, 늘 사람이 붐볐다. 상진이 남매는 상권분석을 할 줄 아는 눈이 생긴 것이었다.

상진이 누나는 대학 입학 후 얼마 되지 않아 부모의 도움 없이 작은 액세서리 점포를 냈고 쏠쏠한 이익을 챙기고 있다. 대학생이 된 상진이 역시 자신이 흥미롭게 생각하는 기업에만 투자하는 펀드를 시작했고, 아파트 청약통장도 가지고 있다. 여자 친구와의 데이트 장소는 모델하우스다. 물론 장사 잘하는 엔지니어가 되겠다는 미래의 포부도 다지면서 말이다.

내 아이를 위한 강남아빠들의 특별한 교육 노하우 ⑳

자신이 체험하고 깨달은 경제원리를 아이에게 가르친다

● 아이들이 경제에 관한 원리를 모두 학교에서 배울 것이라고 생각하면 착각이다. 고등학교 문과의 경우 그나마 경제 과목이 있지만 이과 아이들은 그 허술한 것조차 배우지 못하고 고등학교를 졸업한다. 1학년 때 공통사회에서 잠시 배우는 게 전부다. 내용은 GNP와 GDP, 인플레이션과 디플레이션의 개념 정도다. 10년 동안 교과 내용이 바뀐 것도 없다(2007년 11월 현재). 결국 고등학교 학생의 반 이상이 독점과 과점의 차이가 뭔지, 카르텔이 뭔지, 부가가치세가 어디에 붙는 건지도 모르고 10대를 보낸다는 말이다.

그런 면에서 아버지가 던져주는 경제원리의 화두는 아이들을 다른 출발선으로 이동시킨다. 그런 아이들은 부모 덕이 아니어도 부자가 될 가능성이 높다.

11

돈 모으는 법 대신 돈 쓰는 법부터 가르친다

"강남에 사는 아이들 사이에는 몇 만 원짜리 지우개가 유행이다!"라는 말이 있었다.

과연 그럴까? 절대 그렇지 않다. 대신 나는 "엄마와 지난 밤 동대문상가에 다녀왔다"면서 "만 원 주고 샀는데 너무 괜찮죠?" 하며 새로 산 스웨터를 자랑하는 아이들을 많이 봤다. 강남에 사는 그 아이들은 계절이 바뀔 때마다 재래시장을 다녀왔고, 거기서 산 물건들에 만족해 했다.

강남아이들은 친척 결혼식에 학교 교복을 입고 가는 걸 자연스러워 한다. 또한 낡은 농구화를 바꾸기 위해 부모가 요구하는 일을 아주 당연하게 받아들인다. 운동복을 장만하기 위해 버스 대신 자전거로 학교를 오가는 아이들도 봤다. 한 달에 몇 만 원 안 되는 용돈으로 듣고 싶은 CD도 사고 책도 사는 것이 내가 만난 강남아이들이다. 아이들의 아버지들이 돈을 모으는 것보다 어떻게 쓰느냐가 더 중요하다는 가르침을 주었기 때문이다.

강선이는 디즈니 캐릭터를 잘 그렸다. 어려서부터 색종이만 가지고 놀았다는 강선이는 손재주가 대단했다. 나아가 강선이는 자신이 그린 그림을 예쁘게 채색해서 아이들에게 팔았다. 점심시간엔 다른 반 아이들까지 강선이에게 그림을 그려달라고 부탁할 정도다. 강선이가 그림 아르바이트를 할 정도로 강선이네 집이 어려운 건 절대 아니다.

"한 장에 500원씩 받아요. 제가 일을 해서 돈을 번다는 느낌이 너무 좋아요. 그렇게 번 돈은 아까워서 빵도 못 사먹겠어요."

강선이는 그 돈을 꼬박꼬박 저금했다. 강선이가 출전했던 미술대회에서 나온 점심값도 아껴 '부자지갑'에 넣는다.

"이 부자지갑이요? 아빠가 선물로 주신 거예요. 한번 돈이 들어오면 절대 안 빠져나가는 지갑이라고요. 아빠는 버는 것도 중요하지만 쓰는 것은 더 중요하다고 하셨어요."

돈을 어떻게 쓰느냐에 따라 네가 어떤 사람인지를 알 수 있다는 말을 듣고 자란 강선이는 모은 돈 중 일부는 교회에 헌금하고 나머지는 미술용품을 살 계획이다.

"도대체 왜 학교보다 은행이 먼저 끝나는 건데요? 학생도 은행 볼 일은 있는 거잖아요!"

은주는 용돈을 일반 저축통장 대신 이율이 높은 CMA 계좌를 개설해야 하는데 증권사나 은행의 문이 늘 일찍 닫혀서 불만이다.

"CMA요? 신문에 모두 나와 있잖아요. 그걸 모르는 게 더 이상한 거지요."

사실 은주가 신문 경제면에 관심을 가지기 시작한 것은 아버지 덕분이다. 아버지는 신문 경제면의 뉴스나 저녁 9시 뉴스를 보며 은주에게 경제교육을 시켰다. 그리고 오빠가 취직한 이후에는 오빠의 '월급관리'를 두고 가족회의를 열기도 했다. 50대인 아버지와 40대인 엄마, 그리고 막 직장생활을 시작한 오빠 곁에서 은주는 세상을 배우기 시작한 것이다.

"아빠는 오빠에게 땀 흘려 벌었으니 또 그만큼 열심히 저축해야 한다고 말씀하셨어요. 오빠는 먼저 펀드에 가입하기로 했어요. 그리고 부동산 시세에도 관심을 가지기로 했고요. '결혼할 때 네 집은 알아서 하라'는 아빠와의 약속을 지키기 위한 거예요. 우리 아빠는 한다면 하는 사람이니까 정말 그렇게 할 거예요."

은주 아버지는 기회가 있을 때마다 '자식들에 대한 투자는 공부 가르쳐 주는 것으로 끝!'이라는 것을 강조했다. 성인이 된 자식에게 돈을 쓰는 것이 가장 어리석은 일이라는 것이 은주 아버지의 지론이다.

"예전 부모들은 경제교육이란 것이 '땅을 파 봐라, 돈이 나오나?' 하는 것이 다였던 것 같아요. 하지만 그것만으로는 충분하지 않지요. 저는 부모가 어떻게 돈을 벌고, 또 그 돈을 어떻게 쓰느냐를 정확히 알려주는 것이 경제교육이라 생각합니다. 부모들이 자식들의 금고가 아니라는 사실을 알려주는 것이지요."

아버지는 오빠와 은주에게 차이나 펀드 계좌를 각각 하나씩 만들어주었다. 자유적립식으로 첫 회만 넣어주고 나머지는 알아서 하라는 것이었다. 물론 '왜 차이나 펀드인가?' 하는 이야기와 함께 말이다. 그 뒤로 은주의 쇼핑습관도 없어졌다. 모두 펀드에 챙겨 넣기로 한 것이다.

"정말 돈을 어떻게 쓰느냐가 중요한 것 같아요. 1~2만 원을 그냥 아무 생각 없이 썼는데 그걸 신경 써서 모으니 몇 십만 원이 되더라고요. 친구들과 하릴없이 쇼핑하는 기분에 비할 바가 아니더라고요."

은주는 진로도 바꾸었다. 경영학과에서 마케팅을 공부하고 싶다는 꿈을 갖게 된 것이다.

"중학교 때 화실에 다닌 건 솔직히 성적이 좋지 않았기 때문이었어요. 그래서 미대로 가려고 했는데, 이제 바뀌었어요. 경영학과에 가서 마케팅 공부를 하고 싶어요."

중학교 때까지는 목표가 없어서 놀았지만 이젠 그럴 수 없다며 성적에도 욕심을 부리기 시작했다. 2학기 중간고사에서는 그렇게 원하던 1등급이 나온 과목도 3~4개였다. 여름방학 내내 공부하는 시간을 여섯 시간씩 가졌던 아이다. 자기도 이렇게 열심히 공부해 보긴 처음이라고 했다.

구형 자동차를 15년 이상 타온 현정이 아버지 역시 마찬가지이다. 차 좀 바꾸라는 주변 사람들의 성화를 무시하고 당신 소신대로 살아오신 분이었다. 현정이네 집은 강남에 제일 먼저 올라간 주상복합이다. 현정이가 고2가 되던 해에 그 주상복합으로 이사를 했고, 그 전에 살던 집은 허름한 재개발 아파트였다. 이사를 하면서 결혼한 후 처음으로 살림살이를 바꾸셨다는 분들이다. 현정이 아버지가 현정이와 그 동생에게 들려준 말이다.

"현정아, 너희 엄마와 내가 만약에 남들처럼 몇 년마다 신형으로 차를 바꾸고 살았으면 오늘 우리가 이런 집에서 살 수 있었을까? 3,000만 원짜리 차를 두 대 샀다 치자. 그럼 6,000만 원인데 차를 굴리는 대신 저축이나 펀드투자를 하면 어떨까? 잘하면 몇 억이 될지도 몰라. 하지만 차를 굴리면? 아마도 우리가 이렇게 살고 싶은 집에서 살 수 없었을 거야. 돈을 쓸 때는 항상 그 가치에 대해서 고민해야 한다. 과연 이 돈을 여기에 꼭 써야만 하는가 하고 말이야."

이후 현정이는 대학교에 들어가서도 남는 시간 틈틈이 아르바이트를 해가며 용돈을 손수 벌었다.

내 아이를 위한 강남아빠들의 특별한 교육 노하우 ㉑

돈을 어떻게 모으느냐보다
어떻게 쓰느냐가 더 중요함을 가르친다

● 강남아빠들은 아이들이 돈에 대한 지혜로움을 갖추기를 기대한다.

부족함을 모르는 아이일수록
결핍감에 시달린다

"달라는 대로 먹이고 원하는 대로 입히는데 뭐가 부족해서 공부를 안 하는지 모르겠다!"

이렇게 하소연 하는 부모들을 종종 본다. 하지만 이건 부모들의 착각이다. 공부란 책상 앞에 앉아 있다고 해서 저절로 되는 게 아니다. 지겹고 힘든 것을 이겨내는 게 공부다.

그런데 자신이 원한다고 말하면 말이 떨어지기가 무섭게 무엇이든 코앞에 와 있는데 무엇이 아쉬워서 그 힘든 공부를 하겠는가. 가끔이 간단한 원리를 간과한 부모들을 만나게 된다. 이들은 부모의 부재를 '물질'로 채우고 있었다.

오래 전 대학을 졸업할 무렵의 일이다. 방송사 간부의 딸인 하진이의 공부를 봐준 적이 있었다. 어머니는 미스코리아같이 아름다운 분이었다. 그 집에 다니면서야 나는 '명품'이란 것이 무엇인지 비로소 알게 되었다. 어머니는 강남에서도 명품만 취급하기로 유명한 백화점을 제집처럼 드나들었고, 하진이는 입만 열면 명품이야기를 했다. 고등학생이던 하진이는 명품을 소개하는 잡지를 보며 물건들을 사들였다. 수십만 원을 넘나드는 머리핀도 서슴없이 사들였다. 화장품이며 옷가지들이 책상 주변에 넘쳐났다. 그 명품들을 전시하느라 하진이의 방에는 책을 꽂아둘 책장은 보이지 않았다.

마시는 물도 아무거나 먹지 않던 그 특별한 아이 하진이는 고3 내내 온 집안을 발칵 뒤집으며 지냈다. 한 시간에 서너 번씩 물 마시러 간다, 화장실에 간다 하며 자리를 떴고, 어떤 날에는 책을 집어 던지며 공부하는 분풀이를 주변 사람들에게 해댔다.

그럴 때마다 엄마는 값비싼 명품으로 하진이를 위로했다. 하진이는 자신이 공부하는 대가로 부모에게 돈을 요구하는 아이였다. 대학만 들어가면 다시는 절대 책상에 앉아 있지 않을 거라면서 자신의 책상을 아예 팔아버리겠다고 다짐하면서 말이다.

원이 역시 의자에 30분 이상 앉아 있지 못하는 아이였다. 원이는 건설회사를 운영하는 아버지와 함께 고등학교 때부터 기사가 운전하는 벤츠를 타고 등교하던 아이였다. 때로는 어머니의 벤츠를 타고 가기도 했다. 원이의 시계는 최고 명품을 만드는 스포츠라인에서 만드는 것이었고, 지갑이며 신발까지 명품 아닌 것이 없었다. 쓰고 다니는 안경까지 말이다. 원이의 MP3, 핸드폰은 새로운 디자인이 나올 때마다 교체됐다. 고가의 게임기며 디지털 카메라가 아이의 장난감이었다. 원이가 입고 다니는 청바지가 그렇게 비싼 것인 줄 몰랐었다.

　나는 원이와 공부를 시작하고 나서, 집으로 돌아오는 길에 여러 번 참혹한 절망을 해야 했다. 좀 어렵다 싶은 부분이 나올 때마다 어김없이 해대는 원이의 화풀이는 곁에 있는 사람에게 모멸감까지 주었다.

　"오늘 같은 날도 이 지겨운 걸 봐야 하나?"

　한해의 마지막 날 수업을 하며 원이는 5분마다 이 소리를 했고, 급기야는 강의실에서 책상 의자를 데굴데굴 굴리는 놀이까지 했다. 더 이상 수업 진도는 나가지 못했다.

　집에 있는 모든 돈을 자신의 돈인 것처럼 쓰는 아이들은 대부분 참을 줄 몰랐다. 그 아이들은 책상에 앉아 있어야 한다는 사실을 견디지 못했다. 머리가 나빠서가 아니다. 무엇을 얻기 위해서는 욕구를 접고 노력해야 한다는 사실을 이해하지 못하기 때문이다. 원이는 그렇게 온 집안을 전쟁 수준으로 몰아넣고 나서야 겨우 고등학교를 졸업할 수 있었다.

　이들 집안의 공통점은 아버지의 부재였다. 나는 지금도 하진이를 생각할 때면 그 아버지의 뒷모습이 생각난다. 어머니가 켜켜이 쌓아

놓은 명품 쇼핑백 뒤로 살짝 보이던 아버지의 낡은 구두. 만일 아버지가 그 신발을 잠시 벗고 하진이와 조금만 시간을 가졌다면 그 많은 명품들이 필요했을까. 명품이나 값비싼 게임기가 아버지를 대신해 줄 수는 없는 노릇이다.

하진이가 수능시험을 치르고 제일 먼저 간 곳은 성형외과였고, 원이는 운전면허증을 딴 후 바로 스포츠카를 뽑아서 몰고 다녔다. 그 뒷이야기는 더 안 해도 짐작할 수 있을 것이다.

내 아이를 위한 강남아빠들의 특별한 교육 노하우 ㉒

교양을 가르친다

● 학교에서는 교양이나 예절을 알려주지 않는다. 시험에 나오지 않기 때문이다. 교양에 밝은 아이는 지혜로운 사람이 된다. 아버지의 직장일을 예로 삼거나 또는 TV 프로그램을 통해 아이를 자극시켜 주면 좋다. 딸이나 아들 앞에서는 아버지는 잘난 척을 해도 된다.

아빠의 투자 철학을 통해
경제 감각을 심어준다

아이들은 나와의 수업 시간에 집안에서 벌어지는 별별 이야기를 다 한다. 아버지의 비밀스런 첫사랑 이야기부터 어머니가 프러포즈 받은 이야기까지 다양하다. 이런 낭만적인 이야기뿐만이 아니다. 때로는 부동산 투자 강의를 하기도 한다. 나에게 "선생님도 돈을 벌려면 수업만 하러 다닐 게 아니라 부동산을 보러 다녀야 하는 게 아닌가요?" 하는 따끔한 충고를 잊지 않는 아이들도 있다.

이렇게 이야기하는 아이들을 보면 크게 두 가지 부류로 나뉜다. 자신의 집이 얼마나 부자인지 다소 과장된 말투로 떠벌리듯 말하는 아이들이 있고, 투자 과정 자체를 철학을 담아 말하는 아이들이 있다.

물론 이 차이는 부모들이 자신들의 재테크 과정을 아이들에게 어떻게 이해시켰느냐 하는 것에 달려 있다.

종수 아버지는 자신의 돈을 어떤 투자로 어떻게 불려나가는지를 아들에게 알려준 대표적인 예다. 덕분에 이제 대학생이 된 종수는 웬만한 어른보다 더 확실한 부동산 투자 철학을 갖고 있다.

"부동산업자의 말보다는 자신의 판단을 믿어야 해요. 그러기 위해서는 취사선택을 할 수 있을 만큼의 정보와 지식이 있어야 해요. 사람들이 몰려다니기 전에 움직일 수 있는 안목을 기르려면 신문을 분석하고 다양한 책도 많이 봐야 해요. 공부가 필요한 것이라고요. 부동산 투자는 결국 시간과 정보의 싸움이에요. 물론 자본도요."

종수 부모는 신혼집을 반포에서 전세로 시작했다. 휴일이면 어디에 집을 사야 할지 알아보러 다녔다. 압구정동과 방배동이 제일 비쌀 때였다는데, 형편이 안 되어 이래저래 궁리를 하면서 강남 지역을 돌아다녔다. 결국 도곡동의 허름한 아파트를 구입했다. 이사한 이후, 종수 부모는 대치동이나 도곡동에 학원들이 들어서는 것을 보고 교육열이 높은 부모들이 모이겠다는 직감을 받았다고 한다. 부모는 할머니 할아버지를 설득해 대치동으로 이사를 오게 했고, 이후 제2의 강남이 만들어질 것을 예상, 신도시 분당에 관심을 가졌다. 분당 열풍이 불기도 전이었다.

"저도 많이 고민했지요. 아이들에게 부동산 이야기를 해줘도 되나

하고요. 하지만 아이들이 아버지가 하는 일을 '투기'로 이해하면 안 된다고 생각했습니다. 그래서 '아빠가 돈을 얼마 벌었다, 우리집 재산이 얼마다'라는 이야기보다 어떤 과정을 통해서 부동산 투자를 했는지를 제대로 이해시키고자 했습니다. 재테크도 열정이 필요한 일이라고요. 그리고 언젠가는 알아야 할 일, 아버지가 직접 알려주는 편이 좋다고 판단했습니다."

아이들에게 "돈에 대해서는 커서 알아도 늦지 않다"라고 말해 주는 것은 낡은 교육이다. 인터넷이나 매스미디어의 발달, 그리고 논술 때문에 펼쳐보는 신문을 통해 아이들은 코스피 지수니 부동산 대책이니 하는 말을 수시로 듣는다. 그런 걸 궁금해 하는 아이들에게 강남아빠들은 "그런 건 나중에 알아도 돼!"라고 말하지 않는다.

초등학교에 들어간 기념으로 우량주를 사놓고 그 기업의 주가를 보며 우리나라 산업동향과 주식시장의 전망을 설명해 주는 아버지도 있다. 이런 아이들은 재테크에 있어 '대박'의 환상을 갖지 않는다. 대신 재테크는 시간과 정보 분석력의 싸움이라는 사실을 누구보다도 일찍 깨우친다.

고3인 지석이가 그랬다. 지석이네는 오래된 물건들이 많은 집이었다. 골동품이 아니라 20여 년을 넘긴 것으로 보인 가전제품이 많이 눈에 띄는 집이었다. 거실에 있는 TV에는 골드스타 마크가 찍혀 있었다. 하지만 지석이네는 그 어느 집에 뒤질 바 없는 부자였다. 부동산이 많아서도 대대로 물려받은 유산이 많아서도 아니다. 젊었을 때부터 해온 아버지의 주식투자 덕분이다.

"늦은 나이에 결혼해서 아이들 셋을 두었습니다. 다른 아버지처럼 아이들의 공부가 다 끝날 때까지 일을 하지는 못할 것 같더군요. 그렇다고 사업을 일으킬 체질도 아니고. 그래서 생각한 것이 내가 다니는 회사의 주식을 모으기로 한 것이지요. 우리 회사 사정을 누구보다 잘 알고 있는 탓에 우리 회사가 망하면 대한민국이 망하지 싶었기 때문이었지요. 내가 더 열심히 일하면 회사가 더 좋아질 것이고, 그러면 주식가치가 올라갈 것이라는 믿음으로 사기 시작했죠."

지석이 아버지는 돈이 생길 때마다 자사주를 10주씩, 100주씩 사 모았다. 한번 산 주식은 절대 팔지 않았다. 주식시장이 폭등할 때도 있었고, 폭락할 때도 있었지만 주식에 손을 대지는 않았다.

"부모님이 늘 근검절약하며 살아오신 데엔 이유가 있었구나 싶었어요. 아버지가 그렇게 훌륭하신 줄은 몰랐어요. IMF가 와서 주식시장이 폭락했을 때는 생활비를 아껴가면서 주식을 모으셨대요. 보너스를 받으면 또 조금씩 사고. 아무리 유명한 주식전문가라 하더라도 우리 아버지 수익률은 쫓아오지 못하더라고요. 제 재테크 멘토는 아버지예요."

지석이가 아버지에게서 배운 건 단순히 '주식=돈'이라는 이분법적인 원칙이 아니다. 지석이는 아버지를 통해 주식은 시간과의 싸움이고, 그것은 다른 말로 자신의 욕망과의 싸움이라는 사실을 깨달았다.

"아버지를 이해하면서 부자들을 존경하게 되었어요. 나름대로의 철학과 실천력이 없다면 있을 수 없는 일이니까요."

이들에게 재테크는 급작스러운 일이나 조급한 일이 아니다. 그저 차근차근 하나씩 준비해서 실행에 옮기는 일로 인식되었다. 그들은 투자에 대한 조급함보다는 자신감을 갖고 있었다. 아이들의 눈높이에 맞춰서 하나씩 일러준 아버지 덕택이다. 만일 주식이나 부동산 투자에 쓴맛을 본 아버지라면 자신의 전철을 밟지 않도록 더더욱 아이들에게 '투자'에 대한 소견을 밝혀야 할 것이다. "공부나 해. 쓸데없는 일이 관심 갖지 말고!" 하는 말 대신에 말이다.

《주식시장을 이기는 작은 책》을 쓴 저자 조엘 그린블라트는 책에서 이런 말을 했다.

"이 책은 내 다섯 아이들에게 선물로 주고 싶은 마음에서 비롯되었다. 스스로 돈 버는 방법을 아이들에게 가르칠 수만 있다면 그것이야말로 가장 훌륭한 선물이다. 아이들이 이 책을 통해 세상을 이기는 자신감을 얻기 바란다."

아버지가 꿈을 이루어나가는 모습을 보여준다

● 이루고 싶은 꿈이 있는 사람이 행복한 사람이라고 알려주려면 아버지부터 모델이 되어야 한다. 아버지가 자신의 꿈을 이루기 위해서 노력하는 것을 자녀에게 생생하게 보여주도록 한다. 여러 가지 어려움을 어떻게 헤쳐 나가는지 어떻게 그 꿈을 이루려고 노력하는지 그 모든 모습은 아이들에게는 산교육이다. "아빠 꿈은 뭐야?"라는 말에 우물거리는 아버지가 되지 않기를 바란다.

무관심한 아빠는 부자라도
자녀의 눈에 무능하게 보인다

　　　강남에 사는 이들은 대한민국에서 중산층 이상
의 경제 수준을 갖고 있다고는 하지만 그들 사이에서도 차이는 있다.
타워팰리스에 사는 아이들과 이른바 교육붐을 타고 24평 강남 아파
트에 겨우 입성한(?) 가정의 학생들이 서로 부대끼는 것은 어쩔 수 없
는 현실이다. 이런 환경 속에서 아이들은 집안의 경제력에 대해 심각
하게 고민하는 시간을 맞이하게 된다. 때문에 적당한 기회가 되면 아
이들에게 집안의 경제력에 대해 터놓고 이야기하는 시간을 갖는 것
이 좋다.

　　　이는 비단 강남에서 일어나는 현상만은 아니다. 반가운 일은 아니

지만 아이들이 집안의 재력(?)에 관해, 또는 아파트 평수에 대해 고민하는 것이 엄연한 대한민국의 현실이 되었다. 따라서 이제는 아이들이 집안의 경제 수준을 이해할 수 있도록 아버지가 힘써야 한다. 이러한 과정을 거친다면 집안의 경제력을 빌미삼아 아버지의 무능력을 탓하거나, 주위와 비교해 자기 열등감에 시달리는 아이들도 없을 것이다.

"분명 같은 직업인데 어떻게 다른 집은 더 넓은 집에서 더 좋은 차를 타고 다닐까요? 다른 아버지들은 대형 외제차를 잘도 굴리는데 왜 우리 아버지는 쉰이 다 된 나이에 국산 중형차 뽑고도 어린애처럼 좋아하는 걸까요? 왜 우리 집은 10년째 인테리어 한 번 하지 않는 같은 집에서 사는 걸까요?"

마음에 담은 마지막 말은 하지 않았지만 종국이는 내심 '아버지는 무능력하다'라고 결론 내리고 있었다. 하지만 사실은 전혀 달랐다. 종국이 아버지는 모 대학에 강의도 나가시는 대학교수이자 의사로 주변의 큰 신망을 얻고 계신 분이었다. 나는 기회가 있을 때마다 종국이에게 "너희 집이 대한민국에서 결코 뒤처지는 집이 아니고, 아버지를 충분히 자랑스러워해도 된다"고 말했지만 요지부동이었다. 종국이는 아버지가 책밖에 볼 줄 모르는 무능한 사람이라고 생각하고 있었다.

얼핏 생각하면 '돈으로 아버지의 가치를 매기려는 문제야'라고 생각할 수도 있을 것이다. 하지만 문제의 본질은 아들에게 무관심한 아버지에게 있었다. 이들 부자에게 대화는 드문 일이다.

"아버지는 저녁 10시면 잠자리에 드세요. 다음날 강의와 진료를 위해서죠. 저는 학원에 있을 시간이에요. 아침에는 학교 가느라고 아버지 얼굴도 제대로 보지 못해요. 제가 아주 어렸을 때부터 그랬어요."

거의 20년 동안 아버지가 무슨 일을 하는지 이해하지 못하고 자란 종국이는 아버지가 그토록 바쁘게 살아온 결과를 집과 자동차의 크기로만 측정하려고 했던 것이다. 그리고 종국이는 '아버지는 무능력하다' 라는 결론내린 것이다. 한 번이라도 부자간에 제대로 된 시간을 가졌다면 사회에서 받는 신망만큼이나 아들에게도 존경을 받는 아버지가 되지 않았을까 하는 안타까움이 들었다.

반면 윤희네 집은 다행스러운 경우다. 고등학교 2학년생인 윤희는 지방에서 서울 변두리로, 다시 강남으로 입성하였다. 아버지와 어머니는 의류점을 운영해서 그런대로 넉넉한 집안 형편이었지만 강남아이들의 그것과는 많은 차이가 났다. 윤희는 강남으로 갓 전학왔을 때에는 아이들에게 말도 잘 건네지 못하고 점심도 혼자 먹었다. 아이의 말수가 부쩍 없어진 것을 눈치 챈 아버지가 어느 날 윤희에게 대화를 청해왔다.

"윤희야, 많이 힘든 모양이구나. 이야기를 들어보니 너희 학교에 부잣집 아이들이나 유명한 아빠를 둔 아이들이 많다면서? 마음이 좀 상했겠네."

처음에는 고개를 설레설레 흔들던 윤희도 결국에는 이를 인정했다. 아버지는 곧 본론으로 들어갔다.

"하지만 그 친구들이 아마 옛날부터 부자는 아니었을 것이야. 아주 열심히 일해서 그렇게 되었겠지. 아빠도 지금 노력하고 있어. 우리가 서울로 올라온 이유도 좀 더 넓은 곳에서 큰 기회를 얻기 위해서야. 사실 아빠도 쉽지 않아. 때론 그냥 지방에 있었다면… 하는 생각도 들어. 하지만 사람은 변화와 모험을 받아들이지 않으면 결국 성공이나 발전도 없단다. 윤희가 아빠를 믿고 좀 기다려줬으면 좋겠다."

그리고 아버지는 한마디 덧붙였다.

"사람은 누구나가 장점이 있단다. 그건 비싼 물건을 갖고 있느냐 없느냐와는 상관이 없어. 아마 조만간 너와 마음이 맞는 친구를 찾을 수 있을 거야. 그때까지 친구들이 관심을 가질 네 장점이 무엇인지 잘 생각해 보고, 마음을 열어 보여 주도록 노력해 봐."

그날 이후 윤희와 아버지는 친구들과 친해질 수 있는 방법을 하나씩 연구했다. 준비물을 넉넉하게 가지고 가는 것이나 자신 있는 과목의 수행평가를 할 때 다른 조원들의 몫을 거들어 주는 것 등도 아버지와 함께 짜낸 아이디어였다. 그리고 얼마 뒤 아이들이 윤희 주변에 모여 들기 시작했다. 그 후 윤희는 더 이상 혼자 밥을 먹지 않았다.

"그때 아빠는 제가 정말 못 견뎌하면 다시 지방으로 내려가겠다고 말씀하셨어요. 하지만 저는 그럴 수 없다는 생각이 들었어요. 아빠가 얼마나 고생하시는지 누구보다 제가 잘 알고 있거든요."

친구들을 많이 사귀게 된 윤희는 이제는 친구들의 아버지가 하나도 부럽지 않다고 말한다. 비록 친구들보다 작은 집에서 살고 있지만 윤희의 마음을 이해하려고 노력하는 아버지가 더욱 멋지다는 걸 깨달았기 때문이다.

내 아이를 위한 강남아빠들의 특별한 교육 노하우 ㉔

아이에게 관심을 갖고 가정형편을 솔직히 이야기한다

● 이해하지 못할 것 같지만 아이들은 내심 집안 돌아가는 상황을 짐작하고 있다. 속 깊은 아이들은 자신의 욕구를 양보하며 누르지만, 그렇지 못한 경우 열등감으로 이어질 수 있다. 이때 아버지는 아이의 눈을 들여다보며 차근차근 집안의 형편에 대해 이해를 시켜 주는 것이 좋다. 물론 아버지가 생각하고 있는 장래계획과 함께 말이다. 이는 단순히 집안에 돈이 있고 없음을 떠나 아이들에게 가정경제를 이해하고 자신의 처지를 받아들일 수 있는 계기를 마련해 준다는 점에서 큰 의의가 있다.

강남아빠는 딸에게도
승부욕과 조직관을 가르친다

"인간이 받을 수 있는 가장 존귀한 교육을 해주신 분."

인도의 여성 수상이었던 인디라 간디가 자서전에서 그의 아버지 페루 간디를 추억하며 쓴 글이다. 인도 건국의 아버지라 불리는 자와할랄 네루는 독립 운동으로 감옥에 갇혀 있는 동안에도 딸과 대화하기를 멈추지 않았다. 열세 살의 딸에게 3년여 동안 아버지가 보낸 편지는 196통. 이 옥중서신이 바로 《세계사 편력》이다. 후에 인디라 간디는 "주먹을 꽉 쥔 손과는 악수를 할 수 없다"는 말과 함께 인도의 수상 자리에 올랐다.

요즘 말로 하자면 인디라 간디는 이른바 '알파걸'이었다. 실력은 물론 적극성과 자부심, 열정 등 모든 면에서 뛰어난 엘리트 여성을 가리키는 알파걸. 재미있는 사실은 인디라 간디처럼 알파걸의 뒤에는 대부분 '아버지의 각별한 교육'이 있었다는 것이다.

미국의 저명 아동심리학자 댄 킨들런은 《알파걸》이란 책을 통해 "알파걸과 비알파걸을 구분 짓는 대표적인 잣대는 아버지와의 관계다. 알파걸과 아버지의 관계는 굉장히 친밀하다. 알파걸의 아버지들은 딸들을 기존의 고정적인 성역할에서 탈피, '남성적인 방식'에 익숙해지도록 양육한다. 이를 통해 리더십과 설득력, 조직에 적합한 사고체계를 갖도록 돕는다. 딸을 양성평등 시대에 부합하는 인간형으로 성장시키는 것이다"라고 적고 있다.

사법고시 합격률이나 대기업 여성 임원 증가률을 거론하지 않더라도 진작부터 강남의 여학생들을 지켜본 나는 그들이 사회에서 파워를 지닌 존재로 성장할 것임을 조금도 의심하지 않았다. 그만큼 강남 아빠들이 딸에게 쏟는 사랑은 각별하다. 여성임을 인정하면서도 한편으로는 자신의 딸이 사회의 핵심인재가 되기를 기대하는 강남아빠들은 딸들을 매우 섬세하고도 강하게 키운다. 그들은 딸들이 세상에 둘도 없는 귀한 '공주'이자 내공이 다져진 '무사'로서 제 역할을 단단히 해내기를 원하고 있다.

대기업에 근무하는 명진이는 겉모습만 보면 순정만화에 나올 캐릭

터다. 찰랑찰랑한 긴 생머리가 등을 덮고 있으며 미니스커트에 하이힐을 즐기는 20대다. 회사 사람들 역시 명진이의 외모만 보고 선입견을 가지고 있다가, 일처리 능력을 보고는 깜짝 놀란다. 특히 남자 직원들이 명진이를 얕잡아보다가 종종 당황하기도 한다. 모두 아버지 덕분이다.

명진이는 학교 성적보다는 아버지의 평가와 조언을 가장 중요하게 생각했다. 무엇보다 아버지는 명진이가 승부욕이 있는 여성으로 성장하기를 기대했고, 또 그렇게 훈육했다. 여자들이 기피하는 운동을 권하기도 했고, 낯선 곳으로 여행도 많이 보냈다. 덕분에 명진이는 고등학교 2학년 때 이미 아마존에서 알래스카까지 가보지 않은 나라가 없을 정도였다.

"단순한 관광은 아니었어요. 낯선 곳에서 음식을 주문하고 길을 찾아야 하고…. 옆에 아버지가 함께할 때도 있었는데, 무엇이든 대충하는 것은 용납하지 않으셨어요. 중간에서 포기하는 것은 상상도 못해요."

그런 명진이 모습은 대학 때 빛을 발했다. 대학에서 동아리를 만들었고, 대학연합 동아리로 키워놓았다. 명진이는 그 동아리 활동으로 대학생 공모전에 나가 상을 받기도 했다.

"명진이를 키우면서 여자라고 적당히 타협하거나 포기하는 일은 인정하지 않았어요. 무엇이든 시작하는 일은 끝을 봐야 한다, 철저히 하라고 말했죠. 그렇지 않으면 시작도 하지 말라고 누누이 강조했어요."

명진이 아버지의 말이다.

나와 수업을 할 때도 명진이의 승부욕은 그대로 드러났다. 조금이라도 이해되지 않으면 결코 넘어가지 않았다. 100퍼센트 안다고 판단했을 때 고개를 끄덕였고, 그렇게 이해된 단원은 한 문제만 틀려도 몹시 애석해 했다. 명진이는 '실수도 실력'이라는 아버지의 말에 전적으로 공감하고 있었기 때문이다. 명진이는 그렇게 해서 고2 때 이미 수능 준비의 60퍼센트를 끝냈다.

《새로운 미래가 온다》를 쓴 미래학자 다니엘 핑크는 미래사회를 지배하는 인재는 창의성과 감수성이 발현되는 우뇌, 그리고 조직력과 이성의 힘을 관장하는 좌뇌가 이상적으로 조화를 이룬 사람이라고 말한 바 있다. 다시 말하면 감수성이 발달한 여성적 성향과 이성적 사고 능력이 강한 남성적 성향이 조화를 이룬 사람이라는 뜻이다.

딸들에 대한 아버지의 적극적인 훈육은 이런 면에서 더 큰 의의를 갖는다. '똑똑한' 여학생들이 많아지기는 했지만, 이들은 사회생활이나 조직생활에서 여전히 어려움을 겪는다. 여성들은 능력 외에 더 큰 평가를 받기도 하는 정치 게임에 약하다. 일 잘하는 사원보다 자신을 따르는 사원을 챙기는 직장 상사를 이해하지 못한다. 옳고 그름을 탓하기 전에 이러한 현실적인 사회의 벽을 이겨나가기 위해서 남성인 아버지의 조언은 필수적이다. 아버지가 아니라면 누구에게도 그런 가르침을 받을 기회가 없기 때문이다.

희정이 역시 조직생활을 포기하려고 했던 아이다. 그러나 아버지의 조언을 들은 후 마음을 다잡고 '포커페이스'의 중요성을 인식한 경우다. 고2때 처음 만난 희정이는 특유의 영민함으로 무난히 명문대에 입학했고, 또 국내 굴지의 대기업 신입사원이 되었다.

입사 성적이나 외국어 능력이 탁월했던 희정이는 촉망받는 신입사원으로 대접받았다. 회사생활에 100퍼센트 만족하는 것은 아니지만 일을 가르쳐 주는 선배와의 관계도 원만하고, 지켜보며 격려해 주는 간부들도 많았다. 그러나 시간이 지나자 희정이는 직장생활에 염증을 느끼기 시작했다. 일이 많아 밤 10시, 12시까지 야근을 밥 먹듯 하는 것은 괜찮았다. 그러나 "너무 튀려고 하지 말고 같은 팀뿐 아니라 전체 직원들을 고려해 움직여라"는 선배의 감정 섞인 지적은 희정이를 우울하게 만들었다.

그러던 어느 늦은 밤, 일을 끝내고 회사를 나서던 희정이는 자가용의 비상등을 깜박깜박 켜며 자신을 기다리고 있던 아버지를 발견했다. 한 달 정도 해외 출장을 다녀오신 아버지가 딸의 근황이 궁금해서 여독이 채 풀리지도 않은 상태로 마중을 나온 것이다.

"일하는 딸 마중 나오는 게 이렇게 기분 좋은 일인 줄 몰랐네. 이게 사람 살아가는 재미구나 싶다."

반가움도 잠시, 희정이는 회사생활에 대한 불만을 털어놓았다. 회사를 옮길까, 공부를 더할까 갈등하고 있는 마음도 내비쳤다. 아버지는 그런 희정이를 다독였다.

"아버지가 생각하기에 너는 아직 회사에서 배울 것이 많은 것 같다. 이제까지는 자신만 똑똑하면 그만이었지만, 조직생활은 그렇지 않거든. 수많은 사람이 몸담고 있는 조직이 움직이려면, 각 개인들은 자신의 개성이나 자율을 조금씩 포기해야 한다. 특히 네가 다니는 회사는 그런 조직문화, 회사의 문화를 만들어가기 위해 많은 경비를 지불하는 회사로 유명하다."

희정이는 아무도 차근차근 말해 주지 않았던 조직문화에 대한 강의에 귀를 쫑긋했다.

"그런 조직문화가 네 눈에는 비합리적으로 보이고 비능률적으로 보일 수도 있지. 그럴 땐 회사 운영자의 입장이 되어 보는 거다. 아무리 능력이 많아도 전체 직원과 조화를 이루지 못하는 사람이 있다면 너는 어떡하겠니? 아버지는 지금 그 선배의 편을 드는 건 아니다. 회사생활을 하면서 모든 사람의 마음에 들 필요도 없지만 일부러 단점을 내보일 필요도 없다. 회사생활에서 가장 치명적인 것은 네 불편한 감정을 상대에게 내보이는 것이다. 그건 하수들이나 하는 짓이다. 선배에게 잘 보이기 위해서가 아니라 조직에 적응한다는 생각으로 선배의 충고를 고맙게 받아들여라. 마음에 안 드는 일에 감정을 싣기보다는 네가 부족하고 배워야 할 부분에 더 큰 열정을 쏟았으면 좋겠구나. 그런 다음에는 네가 회사를 그만두든 공부를 더하든 아버지는 말리지 않겠다."

다음 날, 희정이는 봄빛이 화사한 재킷을 걸치고 회사에 출근했다.

마음을 다잡고 말이다.

"저는 희정이를 대할 때 여자라는 정체성보다는 자신의 한계를 인식하고 끊임없이 도전하는 하나의 인격체로 성장하라고 당부했습니다. 매사에 적극적이고 도전정신을 가지라고요. 희정이는 능력이 많은 아이입니다. 스스로도 그 사실을 잘 알고 있죠. 하지만 남성중심의 조직문화에서 여성들은 여러 가지 한계를 경험합니다. 아버지로서 제 역할은 희정이가 날개를 펴고 비상하기까지 그런 시행착오의 순간들을 최대한 줄여주는 것이라고 생각합니다. 딸이라고 해서 한 번도 '시집가면 그만이다'라고 생각해본 적은 없습니다."

내 아이를 위한 강남아빠들의 특별한 교육 노하우 ㉕

딸에게도 승부욕과 도전정신, 조직문화를 가르친다

- 요사이 많은 직장들이 여성과 남성의 차별을 두지 않는다. 차별이 없다는 것은 그동안 여성으로서 누리던 프리미엄도 없어지고 있다는 말이다.
- 엄마의 섬세하고도 너그러운 사랑만으로는 경쟁력을 가질 수 없는 것이 현대사회이다. 딸에게는 더더욱 아빠가 필요한 세상이다.

* Partner

물고기| 중 유일하게 둥지를 만드는 것이 가시고기다.
가시고기는 주둥이로 강바닥의 모래를 퍼내고
그곳에 둥지를 짓는다.
모래집에 수초까지 덮어 완벽한 산란의 보금자리를 꾸민다.
가시고기 수컷은 이때부터 알을 보호하기 위해 필사의 노력을 기울인다.
몸집이 큰 물고기들과 처절한 싸움도 불사한다.
알에 산소를 공급하기 위해 부지런히 그것을 넣고 꺼내는 작업도 잊지 않는다.
가시고기 수컷은 보통 15일 동안 아무것도 먹지 않은 채 알을 보호한다.
그리고 알이 부화할 무렵, 둥지 옆에서 장렬하게 죽는다.
영문도 모르는 어린 치어들은 무심하게도 제 아비의 살을 뜯어먹으며 성장한다.
가시고기는 치어를 위해 생명을 바치고, 최후에는 몸까지 내어놓는다.
그 부성애로 인해 가시고기의 부화율은 90퍼센트를 웃돈다.

PART ::3

아빠의 사랑은
작은 관심에서 출발한다

사랑이 담긴 아빠의 조언은
언제나 특별하다

성공한 이들에게도 자식 문제만은 만만치 않은 숙제다. 아이들이 뜻하지 않은 실의와 좌절을 겪을 때면 그들 역시 큰 절망을 경험한다. 하지만 강남아빠들은 여기에 머무르지 않고 아이들에게 격려와 용기를 준다. 마음 속으로는 울고 있지만 겉으로는 아이들에게 '믿는다' 라는 격려를 아끼지 않는 것이다.

성원이는 전공의 생활을 하고 있는 예비 의사다. 성원이를 생각할 때면 우공이산愚公移山이라는 사자성어가 생각난다.

'우직한 사람이 산을 옮긴다.'

성원이는 절대 머리가 뛰어난 학생이 아니었다. 하지만 결과적으로 성원이는 수능이라는 산을 옮겼다. 그것도 무슨 요란한 비법이 아닌 우직한 방법으로 말이다. 도움이 있었다면 아버지가 곁에 있었다는 것이다. 은행에 재직하는 아버지와 초등학교 선생님인 어머니의 분위기가 그대로 전해지는 성원이는 차분한 아이였다. 부모들은 성원이의 성적을 놓고 더 잘하라고 닦달하지 않았다. 할 만큼 해서 아이가 직업을 가질 때 도움이 되는 과를 가면 된다고 말씀하셨다. 성원이의 성적도 큰 편차 없이 고르게 나와 원하는 대학에 무난히 합격할 수 있으리라 예상되었다.

그런데 결과는 예상을 뒤엎었다. 때로는 입시라는 것이 의외의 결과를 줄 수도 있다는 걸 알고 있었지만, 설마 성원이에게 그런 일이 생길 줄은 단 1퍼센트도 예상치 못했었다. 주요 과목 한 과목을 완전히 망친 성원이는 집 앞에서 기다리고 있던 어머니를 끌어안고 와락 울음을 터트렸다. 그해 성원이가 받은 성적은 서울에 있는 하위권 대학에나 가능한 점수였다. 성원이는 그렇게 하고 싶지 않다고 괴로워했다. 학교에서는 그래도 원서는 내야 한다고 종용했다. 그 상황에서 아버지가 성원이를 불렀다. 별말 없이 지켜보던 아버지였다.

"성원아, 원서를 내기 싫으면 내지 마라. 재수하면 된다. 네 마음이 중요한 것이니 다른 사람 말에는 신경 쓰지 마라. 그리고 한 번의 실수로 인생에서 패배했다고 생각하면 안 된다. 네가 지지 않았다고 생각하면 아직 안 진 것이고, 졌다고 생각하면 진짜 진 것이다. 아버지가 상업고 나와서 이 자리에 있기까지 사람들 이목을 생각했을 것 같으냐? 그들은 내가 하는 노력을 보고 독종이라 불렀다. 누가 뭐라든지 묵묵히 내가 가고 싶은 자리를 바라보며 노력하면 된다!"

아버지의 말에 성원이는 눈이 붓도록 울었다. 아버지의 한마디 한마디는 무엇과 비교할 수 없는 큰 힘이 되었다.

"아빠와 엄마는 네가 여태까지 많이 애써왔다는 것을 잘 안다. 그리고 또 1년을 잘 보낼 수 있을 것이라고 믿는다. 노력하는 사람을 이기는 장사는 없다. 아빠는 너를 믿는다."

재수를 시작한 성원이는 슬럼프 한 번 겪지 않고 고3 때와 똑같은 생활을 했다. 밤 12시면 자고, 아침 6시에 일어나는 규칙을 한 번도 거르지 않고 해나갔다. 성원이가 그렇게 뚝심 있는 아이인지 다시 보게 됐을 정도다. 일요일마다 수업을 했던 내가 오히려 초조하게 성원이를 지켜봤다.

그런 성원이의 두 번째 수능 성적은 주변 사람들에게 "기적이다!"라는 말을 떠올리게 했다. 전체 영역에서 두 문제만 틀린 것이다. 최고의 점수였다. 원하는 대학 의대에 장학금을 받고 합격한 것은 물론이다.

"아마 아빠가 없었다면 힘들었을 거예요. 저라고 왜 갈등이 없었겠어요. 대학생이 되어서 멋 부리는 친구들을 만나고 나면 속상했어요. 하지만 아버지가 저를 믿는다는 말이 너무나 큰 힘이 되었어요."

의대생이 된 성원이에게 아버지는 또 한 번의 당부를 했다.

"성원아 너도 알다시피 인생이란 늘 변하는 거다. 어제의 패자가 오늘은 승자가 되고 오늘의 승자는 내일 어떻게 될지 모른다. 지금의 자리를 유지하려면 더 큰 노력을 하지 않으면 안 된다. 그러지 않으면 오늘의 영광은 한낱 추억거리에 불과해지고 만다. 그것만큼 서글픈 인생도 없다. 부디 열심히 노력해서 좋은 의사가 되어라. 너는 그럴 수 있을 게다."

아버지가 해주는 충고는 아이들에게 어머니의 그것과는 또 다르게 특별하다.

특히 "너를 믿는다"는 말은 아이들을 절망에서 세상으로 걸어 나오게 하는 큰 자양분이다. 실패를 이겨내도록 돕는 특효약과도 같다.

은섭이도 어려울 때 곁에서 지켜준 아버지 덕분에 다시 자신의 자리를 찾을 수 있었다. 무난히 원하던 대학에 들어갈 거라고 믿었던 은섭이 역시 수능 성적이 좋지 않았다. 최선을 다했기에 그 결과는 더욱 받아들이기 힘들었다. 늘 수재 소리를 들었던 은섭이는 살면서 처음 겪는 절망감에 방에서 몇날며칠을 나올 수 없었다. 재수를 생각하자니 차라리 죽는 게 낫다는 생각이 들었을 정도로 지난 3년을 치열하게 보낸 은섭이었다. 어두운 방에 틀어박혀 음식조차 입에 대지 않았던 은섭이를 불러낸 것은 아버지였다. 성탄절 즈음이었다. 손에는 술병이 들려 있었다.

"그동안 수고했다, 우리 아들. 우리 한잔 하자!"

생전 처음으로 아들에게 술을 따라 주었다. 그동안 침묵으로 일관

했던 아버지가 말문을 연 것이다.

"아들아, 내가 너를 안다. 대한민국 고3 입시생 어느 누구보다 최선을 다했다는 것을 안다. 그리고 그렇게 최선을 다해준 너를 자랑스럽게 생각한다. 설령 점수가 안 나온다 하더라도 네가 했던 노력이 물거품이 되었다고는 절대 생각하지 마라. 공든 탑은 무너지지 않는 법이다. 그건 아버지가 장담한다. 살면서 반드시 그 보답을 받을 것이다. 그 누구보다 억울하겠지만 나중에 큰 힘이 될 것이다. 정말 애썼고 충분히 할 만큼 했다. 아들아!"

그러고는 아버지의 눈가가 붉어졌다고 한다. 자식의 좌절에 아버지도 그만큼 가슴이 아팠던 것이다. 생각지도 못했던 아버지의 눈물에 아들은 더 큰 눈물을 흘렸다고 한다. 그리고 마음속으로 아버지에게 다짐했다.

'오늘 아버지께서 저에게 주신 인간적인 신뢰와 애정은 꼭 보답하겠습니다. 아버지, 정말 고맙습니다!'

그들의 좌절은 자신을 믿어주는 아버지가 곁에 있기에 더욱 빛난 것인지도 모른다. 성공한 아버지들은 아이들의 실패를 대할 때 어떤 일의 실패가 한 인간으로서의 실패가 아님을 반드시 가르친다. 그리고 무언가를 위해 최선을 다했다는 사실 자체가 얼마나 소중한 일인지를 알려준다. 경험을 통해 고통은 이겨내기만 하면 삶이 주는 훌륭한 선물이라는 사실을 알고 있기 때문이다.

"자식을 키운다는 것은 누구에게나 버거운 숙제입니다. 간디나 헤밍웨이 같은 위인들도 결국 자식 문제만큼은 어쩌지 못했다고 하지 않습니까. 자식을 키우는 아버지라면 누구나 수백 번 마음 속으로 눈물을 삼킬 것입니다. 하지만 넘어진 자리에서 아이들이 어떻게 일어나게 할 것인가, 바로 여기서 아버지의 역할이, 아이들의 미래가 달라지는 것이 아닐까 합니다. 어쩌면 누군가가 쉽게 절망 속에서 헤어나오지 못하고 있다면 아버지의 '널 믿는다!' 라는 한마디가 모자랐기 때문이 아닐까요."

속으로 수없이 울지만 겉으로는 강한 척 절망을 헤쳐나오도록 돕는 것이 아버지들의 숙제라는 것이 그들의 말이었다.

내 아이를 위한 강남아빠들의 특별한 교육 노하우 ㉖

낙담하고 있는 아이를 가슴으로 안아 준다

● 아이가 성적이 떨어져 잔뜩 실망한 채 책상에 엎드려 있다면 바로 그때가 아버지가 필요한 순간이다. 단, 훈계 대신 사랑으로 말이다. 살다 보면 누구에게나 좌절의 시기가 오기 마련이고, 그걸 이겨내는 사람만이 원하는 목표에 다다를 수 있다고, 그게 삶이라고 차근차근 일러줘라. 너는 할 수 있다고! 더불어 아버지에게도 절망의 시간은 수도 없이 다가왔다고 말해준다. 하지만 모두 툴툴 털어버리면 그만이라고. 아버지의 다독거림에 아이는 언제 그랬냐 싶게 용기를 가지게 된다. 이때 느낀 아버지의 사랑은 평생 가슴에 남는다.

말이 통하는
아버지가 되라

아이들은 늘 자신의 아버지를 '바쁜 사람' 이라고 생각하고 있었다. 때로는 "도대체 우리 아버지는 언제 잠을 자는지 모르겠다"고 혀를 내두르는 아이들도 적지 않았다. 40대 중반에서 50세를 넘긴 아버지들의 수면시간은 평균 5시간 정도. 새벽녘까지 아버지의 방에 불이 켜져 있는 것은 다반사였다.

이 때문에 강남아빠들은 자녀교육에 대해 '양보다 질' 을 강조했다. 자녀들과 함께 할 수 있는 시간을 어떻게 하면 효율적으로 쓸 수 있을까 고민하고, 짧지만 그 순간만큼은 최선을 다하고자 했다. 하루 종일 집에 있으며 텔레비전 앞에서 뒹구는 아버지와는 달랐다. 성공학의 대가 브라이언 트레이시도 "누군가와 함께 있을 때 상대에게 몰입해 있지 않으면 따로 있는 것과 마찬가지다. 가족이 곁에 있지만 신문을 보거나 텔레비전을 보고 있거나 회사의 서류를 보고 있다면 그건 가족들을 방치하고 있는 것이다. 그건 가족들에게는 의미 없는 시간이다. 짧은 시간이라도 최선을 다해 몰입하라"고 말한 바 있다.

때문에 강남아빠들은 아침 식사는 반드시 함께 한다거나 주말 아침에는 취미생활을 함께 한다는 나름대로의 규칙을 갖고, 아이들에게 집중하는 시간을 가지려 애썼다. 이같은 노력을 이해하는지 아이들 역시 아버지와 함께하는 시간에 대해 다소 아쉽지만 그런대로 만족하고 있었다. 아이들 역시 아버지와의 시간은 '양이 아니라 질'이라는 점을 잘 이해하고 있는 듯했다.

음식점 프랜차이즈를 운영하는 현욱이 아버지는 한 달에 한두 번씩 아들과 땀이 흠씬 날 만큼 운동을 한다. 축구라면 하루 종일이라도 운동장에 있을 수 있다고 하는 현욱와는 달리 아버지는 축구를 좋아하지도 않을 뿐만 아니라 잘 하지도 못한다. 30년 전 군대에서 잠깐 했던 것이 전부다. 하지만 현욱이를 위해 그 기억을 되살려 다시 공을 차기로 했다.

"아들이 자라는 동안 거의 집에 없었다고 봐야죠. 아내에게 아들이 초등학교에 입학했다는 말을 들은 것이 엊그제 같았는데, 어느새 졸업을 한다고 하더군요. 그러고는 중학생이 되고 고등학생이 되고…. 어느 날 문득 아들과 집에서 마주쳤는데, 웬 낯선 청년이 우리 집에 있나 싶었어요."

아들은 여드름이 얼굴을 뒤덮었고 이미 키는 자신을 훌쩍 넘고 있었다. 아들과 늘 투닥투닥하는 통에 아내는 원형탈모증까지 생겼다고 했다. 순간, 아차 싶었다.

"아이들 교육은 아내가 다 알아서 할 것이라고 생각했죠. 그런데 낯선 아들을 보며 이건 아니구나, 싶었습니다. 그때부터 정보수집에 들어갔죠. 현욱이가 좋아하는 것이 무엇인지!"

아내로부터 농구나 축구 같은 구기종목이라면 사족을 못 쓴다는 귀띔을 들었고, 가장 시간이 한가한 일요일 아침을 함께 보내기로 마음먹었다. 하지만 처음부터 쉬웠던 것은 아니었다.

"아버지 갑자기 왜 그러세요?"

현욱이는 무척이나 부담스러워했다. 이른 아침 운동복으로 갈아입고 잠을 깨우는 아버지를 미심쩍은 눈초리로 바라보며 얼굴을 찌푸렸다.

"결국 '공부 열심히 해라. 엄마와 사이좋게 지내라!'라는 잔소리를 하실 것이라고 생각했어요. 솔직히 마음이 내키지 않았죠."

하지만 몇 달 동안 꾸준히 지속된 아버지의 휴일 아침 모닝콜에 현욱이의 마음도 차차 누그러들었다고 한다. 더욱이 아버지는 운동에 관련된 이야기만 할 뿐 한 번도 성적이나 엄마에 관한 이야기는 하지 않았다고 한다.

"나름대로 작전이었죠. 그렇지 않아도 어색해 하는 아이에게 그런 잔소리를 하면 함께 있는 시간이 즐겁겠어요? 현욱이가 마음을 열 때까지 좀 기다려보자 싶었습니다."

하지만 이내 효과를 가져왔다. 현욱이가 먼저 공부와 진로, 친구문제 같은 고민을 자연스레 털어놨기 때문이다.

"모든 문제를 '공부해라!' 라고 결론 맺는 엄마와는 달리 저를 어른으로 대접해 주시는 것도 좋았어요. 또 회사일이나 사회생활의 경험을 곁들여 해주시는 아버지의 충고도 굉장히 재미있었어요. 아버지와 운동을 함께 하고 음료수를 마시고, 사우나를 하는 시간이 제 인생에서 제일 행복한 시간 같아요."

엄마가 말하는 '공부' 에도 좀 신경을 쓰기로 했다. 또한 아빠와 휴일 한때를 통해 현욱이는 '건축 설계사' 라는 자신의 꿈에 한 발자국더 다가서게 되었다고 한다.

딸과의 정기적인 데이트를 즐기는 아빠도 있다.

만화가가 장래 희망인 선이는 휴일이면 아버지와 서점 나들이를 한다. 둘이서 실컷 책을 보다 오는데, 아버지는 기분이 좋은 날이면 선이가 고른 책이며 갖고 싶은 음악 CD까지 한 아름 사준다. 하지만 그런 물질적인 선물보다 선이는 '아빠와의 나들이' 자체가 너무 좋다.

"친구들과도 갔고, 엄마와도 들렀던 서점인데 아빠와 가면 또 기분이 색달라요. 경제경영이나 예술 코너 같은 곳에 가서 이 얘기 저

애기 해주는데, 새로운 세상을 알아가는 기분이랄까요!"

선이에게 아버지는 '나를 유일하게 이해해 주는 사람'이다. 물론 처음부터 그랬던 것은 아니다.

선이는 고집이 센 아이였다. 성적에도 그대로 드러났는데, 좋아하는 과목과 싫어하는 과목의 점수 차이가 무려 60점 가까이 났다. 싫은 과목은 교과서 표지도 싫다는 아이였다. 반면 좋아하는 과목은 교과서 외에도 관련 책들이 수십 권이었다.

때문에 아이가 싫어하는 과목의 학원은 2~3개월마다 바뀌었다. 내가 가르치는 과목 역시 선이의 비호감 과목 중의 하나였기 때문에 특별한 방법을 강구해야 했다. 선이가 좋아하는 분야와의 연관성을 최대한 이끌어 내며 가르쳤던 것이다. 다른 아이들보다 몇 배의 공력이 들었던 것은 당연하다. 이처럼 자신의 취향에 대해 좋고 나쁨이 확실했던 선이는 진로 문제를 두고 부모와 갈등을 겪고 있었다. 부모는 선이가 선택한 애니메이션과며, 만화가라는 직업이 달갑지 않았다. 아버지가 직접 딸의 종아리를 친 것도 여러 번, 그때마다 선이는 "그만두지 않겠다!"고 바락바락 대들었다.

"아버지는 만화가가 여자 직업으로는 좋지 않다는 것이었죠. 도대체 수입이 얼마나 되는 줄 아느냐고요. 뭐든 돈으로 환산하려는 아버지가 정말 이해되지 않았어요. 내가 좋아서 하겠다는데, 왜 내가 하고 싶은 일까지 자신의 잣대로 들이대는지 도무지 이해할 수가 없었어요!"

아버지의 목소리가 높아진 날이면 선이는 어김없이 만화를 그리며 밤을 새웠고, 다음날 아침이면 자신의 방문을 잠갔다. 예정된 수학 학원이나 영어 과외선생과의 약속 모두 거부한 채 말이다. 아버지는 '오냐, 해보자!' 라는 심정으로 딸이 수강하던 모든 학원과 과외를 중단시키기도 했다.

그러던 어느 날 동생의 생일을 맞아 외식을 하고 가족 모두 시내에 있는 대형서점에 들르게 됐다. 워낙 책을 좋아하는 선이는 금세 독서 삼매경에 빠지게 되었고, 선이를 찾다 지친 가족들은 결국 방송을 해야 했다. 그런데도 선이가 나타나지 않자 식구들은 구석구석을 이 잡듯 뒤졌고 결국 구석에 쪼그려서 책을 읽고 있는 선이를 아버지가 발견했다. 따라온 어머니가 소리를 질렀다.

"너 지금 제 정신이니? 너 때문에 우리가 얼마나 고생 했는지 알아?"

하지만 아버지는 호통 대신 그 책을 사자고 하셨다. 집에 가서 읽으라며. 그때 아버지가 해주었던 한마디가 닫혔던 선이의 가슴을 뻥 뚫리게 했다.

"여보 놔둬요. 저 애가 날 닮아서 책을 한번 잡으면 손에서 놓질 못해 그러는 거야. 그건 책 좋아하는 사람 아니면 이해 못해. 내가 알아. 선이야, 가자."

선이는 처음으로 '내가 아버지 딸이구나!' 그런 느낌을 받았단다. 아버지는 집으로 돌아오는 차안에서 선이가 보던 책에 대해 이것저것 물어 보셨다.

"책에 몰입하는 취향이 우리 식구 중에서 저만 유일하게 아버지를 닮았다고 자랑스러워하셨어요. 오빠와 동생 아무도 그렇지 않거든요!"

그때부터 선이와 아버지는 서점 데이트를 했고, 동시에 아버지에 대한 무조건적인 반항심은 누그러지기 시작했다. 만화를 그리겠다는 선이의 고집이 한풀 꺾인 것은 물론이다.

과학계에는 '생물학적 사이클 전환' 이라는 개념을 소개하는 유명한 실험이 있다. 물리학에서 유명한 호이겐스도 한 공간 안에 있는 시계들은 결국 같은 진동수로 움직인다는 것을 우연히 알게 되었다. 그 중에 대표적인 실험이 '두 대의 바이올린' 이다.

똑같은 바이올린 두 대를 한 방에 설치하고, 먼저 한쪽의 바이올린의 현을 뜯는다. 그러면 반대편에 놓인 바이올린의 현이 같은 진동으로 울리기 시작한다. 손도 대지 않았는데 말이다. 두 번째 바이올린의 약한 진동은 사람이 손으로 뜯은 그 바이올린의 강한 진동과 조화를 이루게 된다. 혹시 지금 자녀와 다른 진동수를 가졌다면 같은 취미로 한 공간에 있어보는 것도 좋은 해결책이 될 것이다.

감수성이 예민해지는 청소년 시기에 부모와 나눈 특별한 취미생활은 평생을 가는 소중한 추억거리다. 어른이 된 지금 어린 시절 부모를 떠올리면 제일 먼저 생각나는 것은 함께했던 기억들이다. 우리 아버지는 시간만 나면 나와 동생들을 데리고 겨울엔 스케이트장으로 여름엔 수영장으로 정신없이 다니셨다.

우리는 겨울이 되면 아버지와 함께 연을 만들어 한강으로 나갔고,

신나게 팽이치기를 했다. 무더운 여름날 휴일이면 가족 모두 지하실에 모여, 아버지가 손수 만드신 넓적한 의자에 둘러 앉아 독서 삼매경에 빠지기도 했다. 거기서 옥수수도 먹고 수박도 먹으며 책을 읽었다. 그게 재미있어서 일부러 우린 에어컨도 선풍기도 마다하고 지하실로 내려갔다. 우리 삼남매에게 차례로 자전거타기를 가르쳐주신 것도 아버지다. 지금도 돌아가신 아버지를 추억할 때면 우리는 함께 했던 놀이들부터 얘기를 꺼낸다. 아버지의 직업이나 연봉이 아니라 말이다. 그때야말로 아버지가 우리를 사랑한다는 느낌을 받았기 때문이다. 같은 진동수로 움직이려는 첫 번째 바이올린의 시도는 당연히 아버지의 몫이다.

내 아이를 위한 강남아빠들의 특별한 교육 노하우 ㉗

아이의 학교 스케줄을 지갑에 넣고 다닌다

- 중간고사는 언제이며, 기말고사는 언제인지, 아이의 1년 스케줄을 챙겨라. 아이의 스케줄을 테이블 위에 놓고 가끔 아이가 뭐하고 있는지 체크하라.
- "이제 곧 중간시험이네?"
- "합창대회 준비는 잘 되어가니?"
- 이때 아이가 느끼는 감동은 상상을 뛰어넘는다. 출장을 가서도, 바쁜 회의가 끝나고 한 통씩 문자를 날리는 것도 좋은 방법이다. 멀리 있지만 가까이 있는 아빠라는 믿음을 심어주기에 확실한 방법이다.

아버지와 떠나는
여행은 인생 최고의 자산

주원이는 초등학교 3학년 때 아버지의 대학원 과정 때문에 가족들과 함께 미국으로 떠났다. 아버지가 공부 중이라 살림이 넉넉하진 않았지만 시간만 나면 짐을 꾸려 배낭여행을 떠났다.

"여행이라고 해봤자 한 짐 가득 실은 배낭을 메고 떠나는 고생이었어요. 인생을 배우기 위해서 그만큼 소중한 시간은 없다고 판단했습니다."

주원이 아버지는 이 기회가 아니면 광활한 미국을 맘껏 돌아다닐 기회가 없을 것이라고 생각하고 아들 둘을 데리고 틈만 나면 돌아다녔다. 어머니는 아버지가 운전하는 고물 렌터카 조수석에 앉아 신나게 노래를 불러재끼곤 했다.

"우리 네 식구는 지도 한 장 펴놓고, 표지판만 따라서 가도 가도 끝이 안 보이는 서부를 달리기도 했고, 무거운 등산 가방을 메고 험한 산맥을 오르기도 했어요. 가다가 배가 고프면 길가에서 차를 세워 놓고 코펠에 라면을 끓여 먹고요. 딱딱한 바게트 빵과 물만으로 하루를 견딘 적이 있었는 데 할 만하더라고요."

비만 피할 정도의 싸구려 모텔에서 식구 모두 한 방을 쓰며 새우잠을 자기도 했다고 말하는 주원이는 세상에서 제일 행복한 때를 추억하는 눈빛이었다. 고생스러운 여행이었지만 주원이는 가족과 함께한다는 것만으로도 너무 즐거웠다고 말했다.

"어느 여름에는 손톱만한 우박이 사정없이 떨어지는 돌풍을 경험했어요. 텐트까지 다 날아가 버렸다니까요. 앞으로 어떻게 지내나 모두들 무서움에 떨고 있었는데, 그때 아버지가 뭐라고 말씀하셨는지 아세요? '즐기자!' 라고 외치셨어요."

아버지의 한마디로 식구들은 이내 근심을 떨쳐 버렸다. 그렇게 주원이네는 조금이라도 돈이 모일라치면 어김없이 짐을 꾸렸고, 몸으로 때우는 가난한 여행에 즐겁게 동참했다.

주원이 아버지가 바쁜 시간을 틈내어 가족여행을 이끌었던 것은 바로 아버지께 받은 추억 때문이었다. 중학교 때 돌아가신 아버지를 추억할 때 가장 많이 자신에게 힘이 되어준 것이 아버지와 함께했던 여행이라고 생각하는 주원이 아버지는 아이들에게도 그런 유산만큼은 반드시 남겨주고 싶어 했다. 평생을 살면서 아버지에게 배워야 하는 것을 고맙게도 아버지가 정성을 들였던 몇 번의 여행으로 충분했다고 생각했기 때문이다.

"사람의 일이라는 것이 알 수 없으니까요. 저도 언제 어떻게 될지 모르는데, 그때 우리 아들들이 나와 함께 한 여행을 추억하며 큰 힘을 얻었으면 해요. 즐거움과 고난을 이겨나가는 지혜, 인생을 바라보는 낙관 같은 것이요."

아버지의 바람은 다행히 적중했다. 한 시절의 여행으로 식구들은 외로울 때, 힘들 때 가족을 추억하며 큰 힘을 얻는다고 했다.

"그때 쌓은 추억이 우리 가족을 평생 지켜 주는 것 같아요. 그때 이후로 우리 가족은 아마 백배쯤 서로를 사랑하게 된 것 같아요. 요즘 같이 아이들은 공부로, 남편은 일 때문에 서로 얼굴 볼 틈이 없이 바쁘게 살아도 서로를 생각하면 참 마음이 따뜻해져요. 아이들도 다른 부모처럼 일일이 신경 쓰지 않아도 잘 자라주고 있고요."

외고를 나와 지금은 일류대에 장학생으로 있는 주원이는 고등학교 시절 어머니가 출장으로 집을 보름씩 비워도 군소리 없이 중간고사며 기말시험을 치르며 고교시절을 보냈다.

주원이는 신발의 뒤축이 다 떨어질 때까지 신고, 한번 산 티셔츠는 목이 다 헤질 때까지 입는 아이다. 버리자고 하면 잠옷으로 입겠다며 버틴다. 검소한 성품도 그렇지만 주원이는 무엇보다 마음 씀씀이가 따뜻했다. 자신의 몸이 피곤한 것보다 선생님 피곤을 먼저 챙겨주는 학생이었다. 덕분에 주원이와 수업을 할 때면 새벽 1시가 훌쩍 넘어서 집에 돌아오는 길에도 행복감이 가슴을 적시곤 했다. 그건 주원이만이 가진 묘한 매력 덕분이었다.

내 아이를 위한 강남아빠들의 특별한 교육 노하우 ❷❽

여행에서 아이와 함께
소중한 추억을 쌓는다

● 아버지와 함께한 추억이 많을수록 아이는 거친 세상과 싸울 힘을 쌓아간다. 그 힘은 다시 그 아이의 아이에게 돌아가고, 무엇에 비할 수 없는 값진 유산이 상속되는 것이다. 강남아이들은 아버지의 사회적 지위나 재산뿐 아니라 함께한 추억까지 가슴에 담고 자라고 있다.

엄마와 사춘기 자녀에게는
아빠라는 중재자가 필요하다

　　어머니에 비해 아버지를 유난히 좋아하는 여학생이 있었다. 이 아버지의 비결은 취미생활을 함께하는 것이었다. 밤늦게 들어와 새벽 일찍 나가는 아버지였지만 한 달에 한두 번 딸이 좋아하는 영화를 함께 본 것으로 '최고의 아빠' 대접을 받고 있었다. 공부 욕심이 대단했던 혜진이는 아버지를 '영화친구'라고 했다.

　　이른바 놀토, 즉 학교에 가지 않는 토요일이 되면 혜진이는 아버지와 함께 조조할인 영화를 보러 간다. 일단 영화표를 끊어놓고 스타벅스 같은 커피숍에 들러 케이크와 커피로 아침을 먹는다. 그래서인지 혜진이는 스타벅스나 커피빈과 같은 커피에 대한 꽤 고급스러운 정보를 갖고 있었다. 영화친구로서 아버지는 일거양득의 효과를 볼 수 있었다. '최고의 아빠'라는 칭호와 함께 갈등이 불거지고 있는 어머니와 혜진이 사이의 조정자가 된 것이다.

사실 아버지와 혜진이가 영화친구가 된 건 아주 오래 전으로 거슬러 올라간다. 혜진이가 열 살이 되기 전 어느 토요일 밤이었다. '특선명화' 같은 TV 프로그램에 혜진이는 무척이나 심취해 있었다. 그러나 부부동반에서 돌아온 어머니는 잔뜩 잔소리만 늘어났다.

"조그마한 것이… 어서 들어가 자라!"

하지만 혜진이는 굴하지 않고 주말마다 꼬박꼬박 영화를 봤고, 때로 눈이 퉁퉁 부은 채로 아침식탁에 앉아 있곤 했다. 그때 혜진이를 다독인 건 아버지였다. 혜진이가 간밤에 봤던 영화 이야기를 하면 눈을 흘기는 어머니와는 달리 아버지는 딸의 편을 들어줬다.

"나도 그 영화 너무 슬펐단다."

그때 처음 혜진이는 아버지에 대해 "이 사람이 내 아빠라서 너무 다행이다!"라는 느낌을 가졌다고 한다. 동시에 "엄마는 나를 이해 못 하는 사람, 아빠는 나를 너무 잘 알아주는 사람"이 됐다. 사춘기가 시작될 무렵이었다.

사실 사춘기의 딸들은 어머니와 거의 매일 싸운다 해도 과언이 아니다. 진로나 성적 같은 명분 있는 일부터 샤워를 끝낸 뒤 머리카락 처리 문제까지 아주 사소한 일로 냉랭해지기 일쑤다. 혜진이도 마찬가지였다.

특히 고등학교에 들어가면서부터 어머니와 며칠씩 말하지 않는 날이 여러 번이라고 했다. 다행히 그럴 때마다 아버지는 해결사가 되었다. 신기하게도 같은 말이라도 어머니가 하면 '짜증이 나는 잔소리' 였지만, 아버지가 얘기하면 '수긍 가는 말'이 되었다. 이로 인해 혜진이에 관한 모든 문제는 아버지가 일임하게 되었다. 영화를 기다리는 동안 함께 케이크를 먹으면서 아버지는 어머니가 하기 힘든 소리들을 혜진이에게 자연스럽게 꺼낸다.

"다른 때 같으면 날을 세우고 받아들였겠지만 그 시간만큼은 아주 착한 딸이 돼요. 이상하죠, 선생님?"

더욱 다행스러운 일은 아버지에게는 보게 될 영화와 혜진이에게 들려주고자 하는 교훈을 적절하게 연결해서 이야기하는 재주가 있다는 것이다. 그런 탓에 혜진이는 아버지의 이야기를 쉽게 받아들인다. 어떤 영화인지 사전준비를 하고 나선 아버지의 노력 덕분이다. 그리고 때로는 어머니를 향해 혜진이의 입장을 중재하는 역할도 한다.

"혜진이의 말이 일리가 없는 것만은 아니니까요. 이제 아이 엄마도 슬슬 후회를 하는 눈치예요. 아이가 영화 보는 것을 괜히 잔소리했다고. 그래도 딸은 결국 엄마편이라고 위로하고 있어요. 아마 예민한 사춘기가 지나면 혜진이도 엄마와 함께할 일이 많아질 거예요. 그때까지는 제가 중재자 역할을 해야죠."

아마도 아버지, 어머니라는 두 명의 부모를 갖고 있는 것은 조화와 균형이라는 트라이앵글을 유지하기 위해서가 아닐까. 물론 부모 두

명 모두 자녀의 조력자가 된다면 그것만큼 좋을 수는 없겠지만 적어도 한 분만이라도 아이의 뜻을 살핀다면 다행이 아닐까 싶다.

하지만 만일 아무도 아이 편이 되어 주지 않는다면? 형진이가 바로 그런 경우였다.

형진이는 세상에서 완전히 자기 편인 사람이 아무도 없다는 외로움에 시달리는 아이였다. 고2 가을학기에 만난 형진이는 왜소한 몸집에 얼굴 표정도 밝지 않은, 말이 별로 없는 아이였다. 성적은 중간 정도였다. 공부를 하는데도 성적이 안 나온다고 하였다.

형진이처럼 공부를 해도 성적이 나오지 않는다고 자책하고 단정하는 아이들의 특징은 늘 우울한 얼굴을 하고 있다는 것이다. 그러다 보면 또다시 성적은 떨어지게 마련이다. '안 된다 안 된다' 하는 마음으로는 좋은 성과를 내기 힘들다. 형진이가 그렇게 자신에 대해 부정적이고 소극적인 이유는 바로 부모 때문이었다.

아버지는 일 때문에 지방에 주로 계시며 몇 개월에 한 번씩 집에 들르셨다. 어머니는 전형적인 '강남엄마'로 방학이 시작되기 훨씬 전부터 아들의 방학 스케줄을 짜느라 이리저리 정보를 찾으러 다니고, 학원 상담을 하느라 여러 시간 전화를 붙잡고 사는 분이었다.

하나 있는 중3 동생은 전교1, 2등을 다투는 수재로 외고를 준비하고 있었다. 자기 공부 챙기느라 형과는 마주칠 시간도 없는 아이였다. 형진이 어머니가 입에 달고 사는 소리는 "동생은 그렇지 않은

데…"였다. 그 속에서 형진이는 "잘한다"라는 소리를 한 번도 들어보지 못했다. 그러던 어느 날 나는 형진이의 책상 위에 놓인 찢어진 교재와 교과서들을 발견했다.

"어머니가 책을 그렇게 했어요. 막 찢고 던지더니 갖다 버리더라고요. 이 책 아마 냄새 날 거예요. 쓰레기통에 있던 걸 제가 다시 주어왔어요."

너무 놀란 나는 이유를 물었다.

"어머니가 독서실에 찾아 왔는데 제가 없었거든요. 매일 그런 거냐고. 공부고 뭐고 다 그만두라고…. 막 소리치고…. 실은 그게 아닌데…."

그 시간에 형진인 친구와 농구를 하고 있었다. 저녁 먹은 게 체했는지 약을 먹었는데도 계속 답답해 하니 친구가 운동이라도 하자 해서 나간 것이었다. 평소에 운동을 좋아하는 녀석도 아닌데 오죽하면 그랬을까 싶었다. 그러나 어머니는 형진이의 말을 믿지 않았다.

설상가상으로 바로 그 순간 지방에서 근무하던 아버지가 올라왔다. 아버지는 어머니에게 말대꾸를 하는 형진이를 보자 냅다 따귀부터 때리셨다. 어머니 얘기만 듣고는 이젠 거짓말까지 한다며 어머니보다 더 큰소리로 아들을 호통쳤다.

아버지는 모의고사든지 내신이든지 성적표가 나오면 바로바로 팩스로 받아보며 자식들의 성적을 챙기는 것이 아버지 역할의 전부라고 믿는 분이었다. 그런 아버지가 동생과 월등한 성적 차이를 나타내는 형진이를 제대로 이해했을 리가 없다. 쓰레기 더미에서 책을 찾아 오며 형진이는 무슨 생각을 했을까?

자녀, 특히 청소년기 자녀의 양육이나 교육을 어머니에게만 맡겨 두는 것은 다소 위험하다. 아이를 아직 철부지라 여기는 어머니와 나름대로의 주관과 판단을 지니게 되는 아이 사이에서 가치관의 충돌이 빈번해지는 시기이기 때문이다. 이때에는 아버지가 중재자 역할을 해주어야 한다. 아이들에게는 "너를 믿는다!"고 한결같이 자신을 응원해 줄 아버지가 반드시 필요하다. 세상으로 나가는 길목에서 아버지가 그러한 역할을 해주지 못한다면 아이는 길을 잃고 말 것이다.

내 아이를 위한 강남아빠들의 특별한 교육 노하우 ㉙

아이와 엄마의 언쟁에 무턱대고 끼어들지 않는다

● 때로는 엄마가 아이에게 부당한 요구를 할 수 있다. 이럴 때 무턱대고 아이에게 고함을 치는 아버지를 아이들은 끔찍하게 싫어한다. 자칫하면 멍청한 아버지가 될 수 있다. 아버지의 큰소리 한 방이면 되는 시대는 지나갔다. 잠자코 전체 내용을 파악하고 상황 판단에 나서야 한다. 아이들은 무서워서가 아니라 말도 안 되는 소리를 하는 아버지가 싫어서 피하고 만다.

된장국 끓이는 아빠만큼
강렬한 애정 표현은 없다

부모의 사랑을 말할 때 흔히 어머니의 헌신적인 사랑을 떠올리곤 한다. 하지만 아버지들의 자식에 대한 사랑도 그에 못지않은 듯하다. 속 깊고 과묵함으로 상징되었던 아버지의 사랑은 세대를 달리하며 점점 적극적(?)이 되고 있다. 강남아빠들 역시 이전과는 다르게 자식 사랑에 매우 적극적이다. 성공한 사람들이라면 일이 1순위이고, 가족은 2순위가 될 것 같지만 결코 그렇지 않다.

민수는 어린 나이부터 유학생활을 해온 학생이다. 중 · 고등학교 과정은 중국에서 마쳤고, 지금은 미국에서 대학 공부를 하고 있다.

그렇다고 민수 아버지가 기러기 생활을 하는 것은 아니다. 어머니는 한국에서 다른 형제들을 돌보고 있다. 다른 친구들처럼 어머니가 곁에 있는 것은 아니지만 민수는 늘 부모의 사랑을 느낀다. 바로 아버지의 전폭적인 관심 덕분이다.

민수의 아버지는 새 학기가 시작되어 중간고사를 치른 다음에는 어김없이 학교로 찾아오신다. 아들이 수업에 들어간 사이, 학교 선생님들을 만나 아들의 성적이나 생활태도 등을 상담하고, 근처 대형마켓으로 향한다. 그러고는 아들이 좋아하는 재료들을 중심으로 한 아름 장을 봐온다. 아침상을 준비하기 위해서다.

아버지와 학교 이야기로 밤을 새운 다음 날 아침이면 아들의 식탁에는 구수한 된장국과 불고기가 차려져 있곤 한다. 아들이 잠든 사이 새벽에 일어나 아버지가 직접 준비한 것이다. "빵이면 되는데 피곤하신 아버지가 왜 이러시냐" 하면 아버지는 이렇게 말씀하신다.

"너랑 아침 같이 먹고 싶어서 한달음에 왔는데 빵 가지곤 안 되지. 오늘은 아버지랑 국 말아 밥 먹자. 어서 먹자. 늦겠다!"

어정쩡한 주부의 흉내를 낸 아버지의 모습이 미안하기도 하고 좋기도 하다.

"다른 친구들은 설마하며 안 믿어요. 제가 아버지라도 직접 아들의 아침상을 차려주는 일은 쉽지 않을 것 같아요. 요리에 취미가 있는 것도 아닌데요. 힘든 타국 생활을 이겨낼 수 있는 것도 그런 아버지의 사랑 덕택인 것 같아요."

학년이 끝날 즈음에는 민수를 지도했던 선생님들께 고마움을 전하기 위해 아버지는 다시 학교에 들르신다. 조촐한 저녁 식사 자리를 마련하기 위해서다. 그렇게 아버지의 격려와 믿음 속에서 유학생활을 하는 민수는 문득 외로워질 때면 어머니보다 아버지가 먼저 생각난다고 한다.

민수 아버지는 독수리 아버지였다. 높은 하늘을 휘휘 날아다니다 자식에게 무슨 문제가 있을 것 같다 싶으면 쏜살같이 땅위로 내려오는 아버지. 시시콜콜 캐어물으며 관심을 갖지는 않지만 자녀의 모든 것을 꿰뚫고 있는 아버지 덕택에 민수는 친구들과 그 흔한 포커게임 한번 안 해봤다고 한다.

"아버지는 한 번도 공부하라는 소리를 안 하셨어요. 단지 스스로 최선을 다했다고 자부할 만큼은 하라고 하셨죠. 사실은 그게 더 어려운 일 같아요. 자신과의 싸움이 더 중요하다는 말씀이잖아요. 그리고 절대 한국 사람이라는 것을 잊지 말라고 하셨어요. 아주 사소한 행동 하나라도 내가 하는 일은 한국을 대표한다고요."

아버지는 민수에게 공부를 마치면 당연히 한국에 들어와 군대에 가야 한다는 당부를 잊지 않았다. 민수는 아버지를 통해 당당하게 세상으로 나아가 제자리를 찾는 법을 차근차근 배워 나가고 있었다. 어머니가 매일 해주는 밥도 아버지가 해주면 스페셜 요리가 된다. 부녀 또는 부자 사이에 징검다리가 하나 놓이게 되는 것이다.

이번에는 대학에 들어간 딸을 극진하게 보살피는 아빠의 이야기이다. 분당에 사는 지혜는 신촌에 있는 학교의 경제학과에 입학했다. 원하는 대학에 들어갔는데도 이유 없이 비실대는 딸을 보고 아버지는 자못 심각해졌다.

"시험기간이면 전철 속에서 내내 잠이 쏟아졌어요. 아무리 눈을 뜨려 해도 떠지지 않았어요. 눈을 떠보면 지하철 입구에 있었고, 또 한참 만에 눈을 떠보면 건널목에서 신호를 기다리고 있는 거였어요. 그리고 눈을 뜨면 내 방안이더라고요. 그리고 '아, 이제 잠을 자자' 했는데 일어나 보니 꼬박 이틀을 자고 일어났다는 거예요!"

어머니는 시험공부를 하는 딸이 다이어트를 심하게 하는 것뿐이라고 했지만 아버지의 생각은 달랐다. 늘 배고프다는 소리를 입에 달고 살던 아이가 밥 먹는 것도 시원찮아 보였다. 아버진 그 다음 날로 지혜에게 종합검진을 받게 했다. 문제는 없었다. 체중이 정상치에 못 미치는 것 말고는 건강하다는 소견이었다. 아버지는 검사 결과에 만족할 수 없었다. 딸을 힘들게 하는 원인을 찾고자 했다. 딸과 대화를 해보았지만 사생활 문제는 아닌 듯했다. 그도 그럴 것이 매사가 모두 즐겁고 신기할 대학신입생이 아니던가.

"결국 마음을 다잡고 딸을 따라가 보았습니다. 회사 이전 문제로 바빴지만 딸보다 중요하지는 않으니까요. 딸아이와 똑같이 일어나 지하철을 타고 신촌에 도착했는데, '이거, 보통일이 아니구나!' 라는 바로 느낌이 오더라고요. 그리고 학교까지는 어떻게 도착했다고 하더라도, 그 다음 강의실을 찾아가는 것이 또 보통일이 아니더라고요. 대학 캠퍼스가 웬만해야죠. 집에 돌아오니 힘이 쫙 빠졌습니다. 저도 테니스다 골프다 해서 운동은 늘 하고 살아온 사람인데 말이죠. 지혜가 살이 빠지는 이유가 단번에 잡혔습니다!"

아버지는 당장 딸에게 헬스클럽 이용권을 마련해 주며 방학 내내 열심히 운동을 하라고 당부했다. 그리고 딸이 타고 다닐 만한 경차를 사주었다. 딸에게 자동차 키를 주면서 아버지가 한 말씀이다.

"폼 잡고 다니라고 자동차 사주는 것 아니다. 조심해서 타고 다녀라. 운동도 빼먹지 말고. 무엇보다 건강이 먼저다."

자동차를 선물받은 지혜는 대신 부지런해야 했다. 교통체증 시간을 피하려면 새벽 일찍 집을 나서야 했기 때문이다. 덕분에 남은 시간은 도서관과 어학원에서 보냈다.

"사실 차보다 더 고마운 건 아버지의 관심이에요. 제가 학교 다니기 힘들었던 것이 그냥 제 정신력의 문제라고 자책하고 있었는데…."

지혜는 아버지의 큰 사랑과 함께 합리적인 결론을 내리는 문제해결 방식을 배웠다. 단순히 앉아서 고민하고 자책하기보다는 직접 행동으로 해결점을 찾는 방식 말이다. 사회생활을 통해 단련된 아버지의 적극성이 없다면 쉽지 않았을 일이다. 때로는 아버지가 어머니보다 더 어머니처럼 섬세한 정성과 관심을 줄 수 있는 법이다.

내 아이를 위한 강남아빠들의 특별한 교육 노하우 ㉚

아이의 머리를 드라이해 준다

● 고1이 된 여학생이 책상 위에 엎드려 울고 있었다. 수영장에서 본 아버
지와 아들 때문이란다. 장애인 아들의 머리를 늙은 아버지가 말려 주고
빗겨 주는 광경을 본 것이다. 그 아들이 부러워서 그때부터 눈물이 났
단다. 아들도 마찬가지다. 아이를 쓰다듬어 주고 토닥거려 주는 일을
밥 먹듯이 하자. 자녀들에게 스킨십은 '사랑한다'는 말을 대신하는 행
동이다.

직접 쓴 아빠의 메모는
자녀의 마음을 덥힌다

어머님과 상담을 하기 위해 집으로 찾아간 어느 날 은영이의 책상에서 메모지 한 장이 눈에 띄었다.

"사랑하는 큰딸 은영아, 오늘 날씨가 눈부시구나. 일요일인데도 아침 일찍 학원에 갔다며? 공부만 하지 말고 아빠한테 문자도 보내. 아빠도 약속이 있어 나간다. 저녁에 보자!"

아버지가 꽤 낭만적인 분인 것 같다며 말을 붙이자, 어려운 모의고사 문제에 골똘하던 은영이의 얼굴에는 순간 생기가 가득해졌다. 그러고는 서랍 속에서 예쁜 종이 박스를 꺼내 보여줬다. 아버지의 메모를 모아 놓은 박스였다.

"공직에 계시던 아빠가 재작년 일반 기업으로 출근하게 되고부터는 정말 아빠 얼굴 보기가 힘들었어요. 너무 불만이었죠. 아빠 생각을 하면 괜히 짜증나고 공부하기 싫다고 생각한 적도 있었으니까요. 그런데 어느 날부터 제 방 책상에 아빠가 남겨 놓은 메모가 보이기 시작하더라고요. 새벽에 출근하시며 제 방문에 메모지를 붙여 놓고 나가셨던 거예요. 하루 이틀은 그냥 '치잇!' 하고 무시하고 말았는데, 그게 한 달 두 달 이어지니까 비록 자주 보지는 못하지만 아빠가 늘 곁에 있다는 것이 느껴져요. 아빠가 바빠도 날 잊지 않고 계시는구나 싶고요."

공부에 지치는 날에 아버지의 따뜻한 메모는 더없이 위로가 된다고 한다. 아버지의 닭살 멘트 덕분에 남자 친구는 꿈도 안 꾼다는 은영이었다.

"남자 친구가 있으면 공부하는데 활력소가 된다는데, 저는 아빠 메모만 보면 그래요. 남자 친구가 따로 없죠, 뭐."

아버지의 글씨체를 눈에 익게 하는 건 딸을 가진 아버지뿐이 아니었다. 장문의 편지를 아들에게 건네는 아버지도 있었다.

지호 아버지의 첫인상은 매우 냉정한 사람이었다. 하지만 아들에게는 달랐다. 해마다 생일이 되면 아버지께서 직접 쓴 편지를 받는다는 지호는 한쪽에 모아둔 편지 꾸러미를 가져왔다. 아버지의 친필 편지였다. 지호는 그 중에서 최근에 받은 편지를 펼쳐 보았다. 편지 내용은 아주 진솔했다.

"아버지가 회사를 늘리며 열심히 일하는 이유는 지호와 지영이 너희 남매를 남부럽지 않게 키우고 싶어서다. 그리고 우리 가정에 늘 웃음이 머물길 바라기 때문이다. 너도 알다시피 할아버지가 일찍 돌아가신 때문에 집안 형편이 여의치 않아서 아버지는 바로 대학에 갈 수 없었다. 그러니 너희들은 열심히 공부만 해라. 원한다면 세계 어디든 못 보내주겠냐? 뒷바라지는 아버지가 해줄게. 아들, 미안하다. 그리고 사랑한다."

당시 인기 있는 드라마의 제목까지 패러디했던 아버지의 재치에 피식 웃음이 나왔지만, 지호의 눈빛은 아버지에 대한 자부심으로 가득했다.

"수도 없이 듣는 말이지만 편지로 받으면 또 새로워요. 아버지가 얼마나 고생하는지 알 것도 같고…. 그럼, 아버지가 원하는 대로, 또 그게 나를 위하는 길이기도 하니까 최선을 다해서 공부해야지 하는 생각이 들어요!"

아버지가 하고 싶은 말을 직접 써서 액자로 만들어 딸의 방에 걸어둔 집도 있었고, 자녀가 아버지께 받은 생일 카드를 반듯하게 펴서 메모판에 꽂아 놓은 경우도 있었다. 딸이 태어나던 날의 감동이 생생히 적힌 아빠의 생일 축하 카드였다. 카드에는 사춘기가 되면서 방에만 있는 딸에게 공부도 좋지만, 먼저 아빠 엄마에게 가까운 딸이 되

어 달라고 하는 부탁의 말이 적혀 있었다. 이밖에도 아버지의 마음을
아이들에게 문자로 보내는 경우는 수도 없이 많았다.

　이들은 아버지의 글씨체를 눈에 익히게 하는 것이 열 번의 꾸짖음
이나 백번의 잔소리보다는 사랑의 마음을 전하는 데 효과가 더 크다
는 것을 알고 있었다.

내 아이를 위한 강남아빠들의 특별한 교육 노하우 ㉛

아버지의 스케줄도 아이에게 알려라

● 아버지의 스케줄을 아이들도 알 권리가 있다. 어떤 중대한 사안 때문에
　몇 주간 아버지가 일찍 나가고 늦게 들어와야 하는지 그 이유를 알게
　되면 아이들도 바쁜 아버지를 이해할 수 있다. 영문도 모르고 신경이 날
　카로워진 아버지를 대하는 것보다는 훨씬 나은 일이다. 아이들은 오히
　려 피곤해 보이는 아버지를 걱정할 것이다.

아내에게 점수 따는 아빠가
아이들에게 존경받는다

유학 중에 한국에 들어 왔다 선을 보고 '냉철한 이성을 가진 검은 뿔테안경을 쓴 남자'에게 마음을 빼앗겨 주저앉았다는 어느 어머니는 나를 보며 종종 이런 말을 하셨다.

"그때 공부를 계속했어야 하는데, 그러지 못한 것이 평생 한이 되요. 남편이 아무리 사회적인 성공을 거두었다 하더라도 아내가 누릴 수 있는 기쁨은 잠깐인 것 같아요. 바쁜 남편 탓에 이렇게 독수공방하고 과부처럼 살 줄 알았다면 제가 왜 결혼을 선택했겠어요?"

그 집의 아이들 역시 바쁜 아버지를 많이 원망하고 있었다. 그리고 딸은 결혼에 대해서도 꽤 비관적인 생각을 갖고 있었다. 아이들은 아버지에 대해 스스로 보고 느낀 것을 보고 판단하지만, 많은 부분 어머니의 생각을 그대로 답습한다. 어머니가 갖고 있는 아버지의 느낌을 자신에게 그대로 투영하는 것이다.

신기하게도 부인에게 좋은 점수를 받지 못하는 아버지들은 아이들에게도 그다지 인기가 없었다. 부인의 마음을 열지 못했던 아버지들은 자녀들에게도 존재감을 주지 못했던 것이다. 어머니들 역시 그런 아이들에게 아버지의 중요성을 인식시키려 없는 말도 지어내지만 머리가 다 큰 아이들은 아버지의 실체(?)를 이내 알아낸다.

반대로 부인에게 극진했던 아버지들은 자녀들에게도 좋은 점수를 받는다. '더할 나위 없이 좋은 아버지'라는 소리를 들으며 집에 있는 내내 오른쪽, 왼쪽 팔짱들을 자식들이 끼고 있을 만큼 인기 만점이다. 요즘 같이 아버지 왕따 시대에 흔치 않은 일이다.

장미향이 넘쳤던 그 집도 마찬가지였다. 은석이네 집은 온통 장미 꽃밭이었다. 꽃바구니에 그득하게 담긴 작은 장미에서부터, 키가 1미터도 넘어 보이는 장미를 한아름 묶어 놓은 꽃다발까지. 노란색, 주황색, 진붉은색 등등 형형색색이었다. 집 천정에도 장미들이 앙증맞게 장식되어 있었다.

"어제가 엄마 생신이었어요. 엄마와 아빠는 식사를 하러 나가시고, 저희 남매와 화원에서 나온 분들이 장식했어요. 엄마가 꽃을 유난히 좋아하시거든요."

물론 아버지가 아내 생일을 늘 이렇게 거창하게 기념해 주는 것은 아니다.

"아빠가 이번 엄마 생일에는 세상에서 제일 행복한 여자로 만들어 주고 싶다고 저희와 작전회의를 하셨거든요. 사실 아빠는 최근 2~3년 동안 회사가 어려워서 생활비를 거의 못 갖다 주셨대요. 엄마가 틈틈이 모아놓은 돈으로 생활했대요. 최근에야 회사가 안정적으로 돌아가기 시작했는데, 그걸 아무 소리 없이 기다려준 엄마가 아빠는 너무 고마웠대요."

간만의 오붓한 점심을 끝내고 집에 돌아왔을 때 장미로 장식된 집을 보는 순간, 어머니는 지난 힘들었던 시간들이 모두 보상받는 느낌이었다고 한다. 무엇보다 남편과 아이들의 정성이 느껴졌기 때문이다.

"월급날이면 아이들 아빠는 직원들 월급 때문에 돈을 구하러 백방으로 수소문하고 다녔을 정도였어요. 그래도 집에선 피곤한 내색 한 번 안 했어요. 남편이 그런데 어떻게 제가 집안 어렵다고 힘들다는 소리를 했겠어요."

지난 세월이 살얼음판 같았다는 아내는 지난 세월을 견뎌준 아이들이 무엇보다 고맙다고 했다. 하지만 아이들은 제법 어른이 된 듯한 소리를 한다.

"가끔씩 뉴스를 보면 이혼하는 부부의 제일 큰 이유가 경제적인 것 때문이라잖아요. 그런데 이렇게 가정을 지켜 주신 우리 부모님께 너무 감사해요."

아이들은 즐거울 때나 힘들 때나 함께 웃고 견디는 것이 진정한 가족임을 깨달았다고 한다.

아버지의 아내에 대한 사랑 표현이 아내는 물론, 아이들에게도 가족의 소중함을 새겨 주는 기회가 되었음은 물론이다. 부모가 행복할 때 자녀들은 덩달아 그 행복함에 묻혀서 살게 된다. 이처럼 아내 사랑이 각별했던 집은 아이들의 가족 사랑도 각별했다.

요리와 조각이 취미인 아내를 위해 휴일이면 아내와 함께 쇼핑을 나서는 아버지도 있었다. 토목 관련 중소기업체를 운영하는 아버지는 대학 때 조각을 전공했다는 아내의 취미생활을 위해 재료를 사러 꼭 함께 외출했다. 남대문 시장에 들러 요리 재료나 그릇들을 사고 그 무거운 짐을 차에 싣는 것도 아버지 몫이었다. 어느 날은 이불 빨래를 하기 위해 바지를 무릎 위까지 걷어 올린 아버지와 마주친 적도 있었다.

이 집 아이들의 얼굴엔 늘 편안한 미소가 흘렀고, 그 또래들이 잘 쓰는 은어나 속어 등도 잘 쓰지 않았다. 큰아이가 고2, 작은 아이가 고1이었을 때 수업을 시작했다. 남매가 한 살 차이의 터울인데도 큰 소리 내지 않고 서로 챙겨주며 크고 있었다. 형제나 자매들보다 더 많이 싸우는 것이 터울이 나지 않는 남매 사이다. 그런데 이들 남매를 지켜봤던 여섯 학기 동안, 큰 소리로 싸우는 것을 한 번도 보지 못했다. 오빠는 여동생을, 여동생은 오빠를 늘 웃는 낯으로 대했다. 부모도 그런 남매를 바라보는 것이, 좋은 성적을 받아오는 것보다 흡족한 일이라고 전한다. 이 집 아이들은 늘 다정한 부모를 보고, 그렇게 지내는 것이 가족임을 아주 자연스럽게 터득한 것일 수도 있다.

제대로 성공한 아버지들, 특히 자수성가한 아버지들의 아내 사랑은 대개 극진했다. 속된 말로 '조강지처 몰라본다'는 옛말에 불과했다. 그런 아버지들 중에는 출장도 아내 없이 못가는 아버지도 있었다. 그분들은 평일에도 시간이 나면 이름난 커피 집을 찾아다니며 늘 연애하듯 살고 있었다. 그들은 "부부가 마음만 맞추고 살아간다면 이 세상에 어려운 일은 모두 이겨낼 수 있다"고 자신했다. 아이들은 부모들의 이러한 애틋한 부부관계를 매우 자랑스러워했다.

고3을 맞는 아들 뒷바라지를 감당할 아내를 위해 겨울여행을 준비한 아버지도 있었다. 어머니는 부부만의 여행이 얼마만인지 모르겠다며 기뻐했다.

"그동안 남편도 정신없었고, 저도 세 아이들 뒷바라지 하느라 하루하루가 어떻게 지나는지도 몰랐는데 벌써 큰애가 고3이에요. 이번에 안 쉬면 1년 동안 내가 못 버틸 거라고 남편이 제안한 여행이에요. 애들만 두고 어떻게 가냐고 했더니 갔다 오라고 애들이 더 극성이네요. 이번엔 정말이지 며칠 바다 좀 보고 오려고요!"

수험생도 수험생이지만 새벽부터 밤늦게까지 그 뒷바라지를 해야 하는 어머니의 일은 수험생보다 못하지 않다. 아버지는 고3에 올라가는 아이보다 아내 생각을 먼저 했던 것이다. 그 아버지가 어머니와의 여행길에 오르면서 자녀들에게 한 말이란다.

"너희들도 친구가 소중하지? 네 엄마는 너희들 친구와는 비교도할 수 없을 만큼 소중한 내 친구다. 세상 무엇과도 바꿀 수 없는 친구지. 그런데 너희들이랑 내가 너무 고생을 시키는 것 같아 그동안 꽤마음이 아팠다. 그러니까 너희도 아빠 마음을 헤아려서 큰일이 아니면 절대로 전화하지 마라!"

역시 어머니가 있어야 아버지가 돋보이고, 아버지가 없으면 어머니의 사랑도 빛을 잃는다. 아이들은 어머니를 배려하는 아버지의 모습이 그렇게 좋았단다. 자신들을 위해 뭔가를 준비할 때보다 더 믿음이 갔다고 한다.

교육학자 오인숙 씨는 "자녀들이 최초로 인간관계를 배우는 곳이바로 가정이다. 자녀들은 부모의 부부관계를 통해 타인을 대하는 법과 사랑을 나누는 법, 감정을 적절히 다루는 법을 배운다"고 말했다.자녀의 감성지수를 높이는 최선의 방법은 바로 부부가 서로 사랑하고 있다는 것을 보여주는 것이며, 여기에 따라 자녀의 지능, 창의력,병에 대한 저항력까지 큰 영향력을 받는다고 한다.

내 경험에도 심리적인 문제가 있거나 지능, 학교 성적에 문제가 있는 학생의 90퍼센트는 부모들의 부부관계가 원만치 않았다. 그건 부

모들의 재력과 관계없는 일이었다. 반면 부부가 서로 아껴주며 지내
는 것을 보고 자란 아이들은 바깥 세상의 쉬운 유혹에 함부로 휩쓸리
지 않았다.

내 아이를 위한 강남아빠들의 특별한 교육 노하우 ㉜

부부가 서로 아끼고 사랑하는 모습을 아이들에게 보여 준다

● 《제3의 물결》을 쓴 미래학자 앨빈 토플러가 돋보이는 이유는 그의 통
찰력 때문만은 아니다. 스무 살에 만난 부인과 여든을 바라보는 지금까
지 같은 집에서 살아오고 있다는 사실이다. 얼굴에 주름살이 자글자글
하게 잡힌 두 양반이 활짝 웃고 있는 사진을 본 적이 있다. 그들은 함
께 책을 쓰고 함께 산책을 하며, 늘 한 테이블에 앉아 미래 세상에 관
한 생각을 주고받는다. 뛰어난 그의 지력은 한 사람을 오래 사랑하고
깊이 사귀는 데서 자양분을 얻은 게 아니었을까.

자녀의 성교육에
적극적인 아빠가 되라

강남의 한 남자 고등학교 3학년에서 있었던 일이다. 특활활동으로 생물반 활동을 하는 아이들이 수업을 마치자 손목에 구슬로 만든 팔찌를 하나씩 차고 나타난 것이다. 그 팔찌는 갑자기 고3들 전체에 엄청난 이목을 끌었고, 친구 것을 빼앗으려고 하는 아이들로 하굣길이 어수선했다. 며칠 동안 학교에서 최대 인기는 그 팔찌였다. 아이들이 갖고 싶어서 안달이 났다. 생물반에서 선생님과 수업시간에 만든 그 팔찌는 어떤 팔찌였던 것일까?

단순한 액세서리가 아니었다. 여성의 생리주기 28일을 알려주는 4색 팔찌였다. 월경기, 여포기, 배란기, 황체기로 이어지는 4단계 날

짜들을 색으로 구분하는 아주 상징적인 팔찌였다. 생물반 선생님 말씀은 여자 친구와 아주 요긴하게 활용하라고 했단다. 꼭 착용하고 다니다 여자 친구의 생리일을 기억해서 배란기 때에는 임신할 확률이 100퍼센트이므로 가급적 만나지 말라고 했단다. 만나더라도 꼭 콘돔은 준비해야 한다는 아주 실용적인 조언도 있지 않았다. 요즘 아이들의 실상을 잘 알고 있는 생물 선생님의 수업 내용이다. 그 정도쯤이야 남학생들에겐 애교 수준이지만 말이다.

남학생들의 경우 지난 밤 여자 친구와 지냈다는 말을 친구들끼리는 아주 스스럼없이 한다. 방학 중이 아니라 학기 중에도 그렇다. 나역시 가끔 수업을 하다가 아주 당황스런 상담을 여학생에게서 받는경우가 있다. 며칠 전부터 뭔가 할 말이 있었던 아이는 친구 얘기라며 말문을 열었다.

"친구가요, 남자친구와 잤는데…. 알고 보니 배란기였는데 어떡해해요, 선생님? 엄마 모르게 처리할 수 있는 방법 없어요?"

점심시간을 이용해 산부인과에 얼른 가보라는 답을 담담하게 해주었지만, 나도 기성세대인지라 그 충격은 컸다. 마치 고3 남학생들이 "요즘은 어디 러브호텔 물이 제일 좋아요, 선생님? 수능 끝나고 한번 가보려고요" 하고 물어올 때의 강도와 흡사하다.

철딱서니 없는 어느 여학생은 자기 남자 친구와 함께 있던 장면을 동영상으로 찍어와 내게 보여 주기도 한다. 당장 지우라고 하면 "왜요, 어때서?" 하며 눈을 크게 뜬다. 친구들끼리 찍은 것을 돌려본단다. 물론 노출 수위가 심한 것은 아니다. 아버지 또는 어머니가 겸연쩍어서 섹스에 대한 말을 어떻게 해주나 하고 있는 사이, 그들은 벌써 그 상황을 몸으로 직접 익히고 있었다.

여러 경험을 통해 내가 깨달은 것은 아이들의 성교육을 더 이상 학교에만 맡겨서는 안 된다는 것이다. 그리고 여기에 아버지가 함께 한다면 그 효과는 더욱 클 것이다. 아버지가 말해 주는 성에 대한 이야기는 학교에서 비디오를 보여주는 성교육과는 아이들이 받아들이는 차원이 다르다.

중학교 3학년인 한 여학생은 아버지가 해준 이야기를 잊지 않고 있었다. 초등학교 저학년 때까지 아버지와 함께 목욕했던 현이는 아버지가 등을 밀어 주며 이야기했다고 한다.

"아버지와 목욕을 같이 해본 추억이 없는 딸은 너무 불쌍한 거 아니에요? 저는 그렇지 않아 아주 다행이에요. 아버진, 여자는 아기를 낳을 몸이니까 아주 소중히 여겨야 한다는 말을 하셨어요. 함부로 사랑을 나누면 여자는 몸이 망가지고 마는데 그러면 나중에 아기도 낳기 힘들어진다고요."

자신은 정말 사랑하는 사람을 만나 결혼하기 전까지 꼭 순결을 지킬 것이라 했다. 자신은 하고 싶지 않은데도 남자가 자꾸 섹스를 강요하면 "너 혼자 해, 이 자식아!" 하면서 어퍼컷을 사정없이 날리겠다고 아빠와 약속을 했단다.

젊은 40대 초반의 어떤 아버지는 초등학교 2학년인 딸아이와 함께 목욕을 하며 성교육을 시작했다고 한다. 아빠의 설명을 듣고 딸아인 아빠의 고추를 보며 "아, 여기서 아기씨가 나오는 거군요! 제 몸에 닿지 않게 조심해 주세요!" 하더란다.

대학교에 들어가 성년의 날을 맞는 스무 살 아들과 고3인 딸에게 편지를 보낸 아버지도 있었다. 그 아버지가 자녀들에게 주는 사랑에 대한 당부를 들어보자.

우리 아들, 딸도 이젠 본격적으로 사랑할 나이가 다가왔구나. 젊음은 사랑하기에 정말 좋은 날들이다. 그러나 사랑도 잘해야 아름답고 추억이 된단다, 얘들아.

우선, 아들 희석아, 네게 먼저 당부하마.
너와 만나는 여자 아이의 몸을 소중히 다뤄 주어야 한다. 몸이 다가서기 전에 머리로 먼저 생각을 해라. 꼭 그래야 한다.
그리고 사랑할 땐 진심을 다하고, 헤어지더라도 꼭 잘 헤어져야 한다. 네 마음이 식어서 헤어질 때는 상대방 아이가 힘들어 하는 것을 지켜봐 주는 아량을 베풀고 다독거려 주는 배려를 해라. 반대로 상대가 원해서 헤어지더라고, 스토커가 되어 집착하거나 원수가 되어 막말을 하고 헤어지는 건 제발 하지 마라. 잘 헤어져야 또 다른 연인을 잘 만날 수 있는 법이란다. 내 아들이 여자 마음에 앙금을 남기는 어리석은 남자가 되면 안 된다. 꼭 부탁하마.

그리고 내 딸 혜민아, 네게는 할 말이 좀 많다. 딸이라 그런 게지?

네 손으로 돈을 벌어 저축을 해서 차를 장만하는 기쁨을 꼭 누려 봐라. 그 행복을 누려 보기 전까지 결혼은 생각지도 말아라. 설령, 남자가 스포츠카를 사준다 해도 자신이 번 돈으로 사는 소형차가 주는 느낌이 백만 배는 더 좋다는 걸 알아야 한다. 남자가 주는 선물에 현혹되지 마라. 잘못하면 너의 소중한 자유를 파는 걸 수도 있다.

그리고 혜민아. 딸을 둔 요즘 엄마들이 제일 많이 걱정하는 게 뭔 줄 아니? 느낌이 온다는 이유로 남자 나이가 30이건 40이건 애가 둘이 있는 홀아비이건 애가 셋이 딸려 있는 이혼남이건 간에 가리지 않으면 어떡하냐는 것이다. 실제로 딸들이 그런단다. "느낌이 통하면 된다! 그럼 어떤 조건도 관여치 않는다. 제발 그런 남자만 나타나 달라!"고 말이다.

우리 딸도 그럴까 사실 나도, 네 엄마도 약간은 걱정이다. 게다가 너는 자신의 감정에 솔직하고 심하다 싶을 정도로 순수한 아이 아니니? 죽어라 열심히 공부해서 노력한 대가로 원하는 대학에 다니는 딸들, 그리고 자신의 분야에서 꼭 성공하겠다는 결심이 굳은 딸들은 사랑을 할 때도 그렇게 달려든다는 말을 들으니 엄마 아빠는 너무 걱정이구나.

나는 우리 혜민이가 사랑을 하더라도 부디 자신을 송두리째 잃어버리는 마음은 갖지 않기를 바란다. 이 세상에 누구보다 더 소중한 건 너 자신이다. 사랑은 지나가고 다시 찾아오기도 하지만 너는 자기 자신에게 있어 단 하나뿐인 존재이기 때문이다.

받기만 하고 주는 법을 모르는 사람, 기다리게만 하고 기다려줄 줄 모르는 사람에게는 너무 마음을 주지 마라. 그런 사람은 사람의 마음을 병들게 하기 때문이다. 사랑 때문에 병든 마음은 쉽사리 낫질 않는단다. 내 딸이 그런 사랑을 할까 아빠 벌써부터 걱정이다.

그리고 마지막으로 꼭 해둘 말이 있다.

만약 너희들이 사랑 때문에 힘들어 가슴이 많이 아프거든 꼭 우리에게 오라는 말이다. 아빠나 엄만 너희들이 언제나 어느 순간에도 함께할 수 있는 사람이란 걸 꼭 기억해라, 얘들아!

─너희들이 사랑해서 행복한 사랑만 하기를 바라는 엄마, 아빠가

요즘 아이들의 발육 상태는 부모 시대에 비할 바가 아니다. 초등학교만 졸업해도 신체 나이로는 어른처럼 보이는 경우가 다반사다. 그런 아이들이 성에 관한 그릇된 정보에 노출될 확률은 더욱 높아지고 있다. 자연히 어른이 되며 알아갈 때까지 아이들을 그냥 놔두지 않는 환경이 되어가고 있다는 말이다. 그렇기 때문에 부모들의 성교육은 무엇보다 중요하다. 아버지 어머니가 아니면 그 누구도 아이들에게 성에 대해 진지하게 말해 주지 않는다는 사실을 잊지 말아야

한다. 이 세상을 거닐고, 냄새 맡고, 뛰어다니게 할 몸을 주었으니 그 몸을 소중히 여기고 다룰 수 있는 지혜를 알려주는 것도 부모의 책임이다.

내 아이를 위한 강남아빠들의 특별한 교육 노하우 ㉝

아이들의 이성 친구를 관대하게 대한다

● 고1 여학생의 일이다. 엄마에게 마음에 드는 남자 아이 이야기를 했다. 집에 와서도 문자를 자주 나누는 것 같아 엄마는 궁금한 마음에 꾀를 낸다. 여러 아이들과 함께 그 남학생도 집으로 초대한 것이다. 엄마의 말을 들은 아빠는 딸에게 영화표를 선사하고 극장 앞에서 딸과 남자 친구에게 밥을 사줬다. 그랬더니 오히려 딸 쪽에서 미주알고주알 남자 친구와의 일을 말해 왔다. 그러고는 어느새 그냥 친구로 남겠다는 말을 전했다. 만일 이성 문제에 대해 부모가 억척스럽게 반대했다면 아이는 지혜로운 이성 관계를 갖지 못했을 것이다.

자녀의 10년 후를 설계하는 강남아빠 따라잡기

지은이 / 최 강 회
펴낸이 / 김 경 태
펴낸곳 / 한국경제신문 한경BP
등록 / 제2-315(1967. 5. 15)
제1판 1쇄 발행 / 2008년 3월 10일
제1판 3쇄 발행 / 2008년 4월 21일
주소 / 서울특별시 중구 중림동 441
홈페이지 / http://www.hankyungbp.com
전자우편 / bp@hankyung.com
기획출판팀 / 3604-553~6
영업마케팅팀 / 3604-561~2, 595
FAX / 3604-599

ISBN 978-89-475-2670-8

값 12,800원

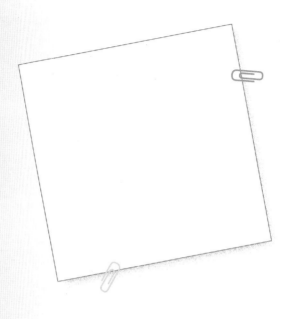

이름

생일

휴대폰

주소

이메일

홈페이지

미니홈피

메신저ID

 memo

남달리 못난 구석이란 없다. 남다른 재능이 있을 뿐이다.
세상 모든 것은 반드시 제 쓰임새를 가지고 있다.

thursday / 아빠확인 ☐			friday / 아빠확인 ☐			saturday / 아빠확인 ☐		
과목/시간	학습계획	결과	과목/시간	학습계획	결과	과목/시간	학습계획	결과
		☐			☐			☐
		☐			☐			☐
		☐			☐			☐
		☐			☐			☐
		☐			☐			☐
		☐			☐			☐
		☐			☐			☐
		☐			☐			☐
		☐			☐			☐

						sunday / 아빠확인 ☐		
		☐			☐	과목/시간	학습계획	결과
		☐			☐			☐
		☐			☐			☐
		☐			☐			☐
		☐			☐			☐
		☐			☐			☐
		☐			☐			☐
		☐			☐			☐
		☐			☐			☐
		☐			☐			☐

check

check

check

아빠와 함께하는 주간계획

-
-

monday / 아빠확인 ☐			tuesday / 아빠확인 ☐			wednesday / 아빠확인 ☐		
과목/시간	학습계획	결과	과목/시간	학습계획	결과	과목/시간	학습계획	결과
		☐			☐			☐
		☐			☐			☐
		☐			☐			☐
		☐			☐			☐
		☐			☐			☐
		☐			☐			☐
		☐			☐			☐
		☐			☐			☐
		☐			☐			☐
		☐			☐			☐
		☐			☐			☐
		☐			☐			☐
		☐			☐			☐
		☐			☐			☐
		☐			☐			☐
		☐			☐			☐
		☐			☐			☐
		☐			☐			☐
		☐			☐			☐

check

check

check

무심히 흘려보낸 시간에 대한 대가는 언제든 치러야 한다.

thursday / 아빠확인 ☐			friday / 아빠확인 ☐			saturday / 아빠확인 ☐		
과목/시간	학습계획	결과	과목/시간	학습계획	결과	과목/시간	학습계획	결과
		☐			☐			☐
		☐			☐			☐
		☐			☐			☐
		☐			☐			☐
		☐			☐			☐
		☐			☐			☐
		☐			☐			☐
		☐			☐			☐
		☐			☐			☐

						sunday / 아빠확인 ☐		
		☐			☐	과목/시간	학습계획	결과
		☐			☐			☐
		☐			☐			☐
		☐			☐			☐
		☐			☐			☐
		☐			☐			☐
		☐			☐			☐
		☐			☐			☐
		☐			☐			☐
		☐			☐			☐

check

check

check

아빠와 함께하는 주간계획

-
-

monday / 아빠확인 ☐			tuesday / 아빠확인 ☐			wednesday / 아빠확인 ☐		
과목/시간	학습계획	결과	과목/시간	학습계획	결과	과목/시간	학습계획	결과
		☐			☐			☐
		☐			☐			☐
		☐			☐			☐
		☐			☐			☐
		☐			☐			☐
		☐			☐			☐
		☐			☐			☐
		☐			☐			☐
		☐			☐			☐
		☐			☐			☐
		☐			☐			☐
		☐			☐			☐
		☐			☐			☐
		☐			☐			☐
		☐			☐			☐
		☐			☐			☐
		☐			☐			☐
		☐			☐			☐

check

check

check

아무도 따라 올 수 없는 1등이 되라.

thursday / 아빠확인 ☐			friday / 아빠확인 ☐			saturday / 아빠확인 ☐		
과목/시간	학습계획	결과	과목/시간	학습계획	결과	과목/시간	학습계획	결과
		☐			☐			☐
		☐			☐			☐
		☐			☐			☐
		☐			☐			☐
		☐			☐			☐
		☐			☐			☐
		☐			☐			☐
		☐			☐			☐

						sunday / 아빠확인 ☐		
		☐			☐	과목/시간	학습계획	결과
		☐			☐			☐
		☐			☐			☐
		☐			☐			☐
		☐			☐			☐
		☐			☐			☐
		☐			☐			☐
		☐			☐			☐
		☐			☐			☐

check

check

check

아빠와 함께하는 주간계획

-
-

monday / 아빠확인 ☐			tuesday / 아빠확인 ☐			wednesday / 아빠확인 ☐		
과목/시간	학습계획	결과	과목/시간	학습계획	결과	과목/시간	학습계획	결과
		☐			☐			☐
		☐			☐			☐
		☐			☐			☐
		☐			☐			☐
		☐			☐			☐
		☐			☐			☐
		☐			☐			☐
		☐			☐			☐
		☐			☐			☐
		☐			☐			☐
		☐			☐			☐
		☐			☐			☐
		☐			☐			☐
		☐			☐			☐
		☐			☐			☐
		☐			☐			☐
		☐			☐			☐
		☐			☐			☐
		☐			☐			☐
		☐			☐			☐

check

check

check

행복은 성적순이 아닐지 몰라도 성공은 성적순이다.

thursday / 아빠확인 ☐			friday / 아빠확인 ☐			saturday / 아빠확인 ☐		
과목/시간	학습계획	결과	과목/시간	학습계획	결과	과목/시간	학습계획	결과
		☐			☐			☐
		☐			☐			☐
		☐			☐			☐
		☐			☐			☐
		☐			☐			☐
		☐			☐			☐
		☐			☐			☐
		☐			☐			☐

						sunday / 아빠확인 ☐		
		☐			☐	과목/시간	학습계획	결과
		☐			☐			☐
		☐			☐			☐
		☐			☐			☐
		☐			☐			☐
		☐			☐			☐
		☐			☐			☐
		☐			☐			☐
		☐			☐			☐
		☐			☐			☐

check

check

check

아빠와 함께하는 주간계획

monday / 아빠확인 ☐			tuesday / 아빠확인 ☐			wednesday / 아빠확인 ☐		
과목/시간	학습계획	결과	과목/시간	학습계획	결과	과목/시간	학습계획	결과
		☐			☐			☐
		☐			☐			☐
		☐			☐			☐
		☐			☐			☐
		☐			☐			☐
		☐			☐			☐
		☐			☐			☐
		☐			☐			☐
		☐			☐			☐
		☐			☐			☐
		☐			☐			☐
		☐			☐			☐
		☐			☐			☐
		☐			☐			☐
		☐			☐			☐
		☐			☐			☐
		☐			☐			☐
		☐			☐			☐
		☐			☐			☐
		☐			☐			☐

check

check

check

공부할 때의 고통은 잠깐이지만 못 배운 고통은 평생이다.

과목/시간	학습계획	결과
thursday / 아빠확인 □		
		□
		□
		□
		□
		□
		□
		□
		□
		□
		□
		□
		□
		□
		□
		□
		□
		□
		□
		□
		□

과목/시간	학습계획	결과
friday / 아빠확인 □		
		□
		□
		□
		□
		□
		□
		□
		□
		□
		□
		□
		□
		□
		□
		□
		□
		□
		□
		□
		□

과목/시간	학습계획	결과
saturday / 아빠확인 □		
		□
		□
		□
		□
		□
		□
		□
		□
sunday / 아빠확인 □		
과목/시간	학습계획	결과
		□
		□
		□
		□
		□
		□
		□
		□
		□

check

check

check

아빠와 함께하는 주간계획

-
-

monday / 아빠확인 ☐			tuesday / 아빠확인 ☐			wednesday / 아빠확인 ☐		
과목/시간	학습계획	결과	과목/시간	학습계획	결과	과목/시간	학습계획	결과
		☐			☐			☐
		☐			☐			☐
		☐			☐			☐
		☐			☐			☐
		☐			☐			☐
		☐			☐			☐
		☐			☐			☐
		☐			☐			☐
		☐			☐			☐
		☐			☐			☐
		☐			☐			☐
		☐			☐			☐
		☐			☐			☐
		☐			☐			☐
		☐			☐			☐
		☐			☐			☐
		☐			☐			☐
		☐			☐			☐
		☐			☐			☐

check

check

check

이달의 결심

Friday	Saturday

일자

• Point Memo •

- [ ]
- [ ]
- [ ]
- [ ]
- [ ]
- [ ]
- [ ]
- [ ]
- [ ]
- [ ]
- [ ]
- [ ]
- [ ]
- [ ]
- [ ]
- [ ]
- [ ]
- [ ]
- [ ]
- [ ]
- [ ]
- [ ]
- [ ]
- [ ]
- [ ]
- [ ]
- [ ]
- [ ]
- [ ]

monthly plan

아빠와 함께하는 월간계획
- ●
- ●

Sunday	Monday	Tuesday	Wednesday	Thursday
○	○	○	○	○
○	○	○	○	○
○	○	○	○	○
○	○	○	○	○
○	○	○	○	○

달성률

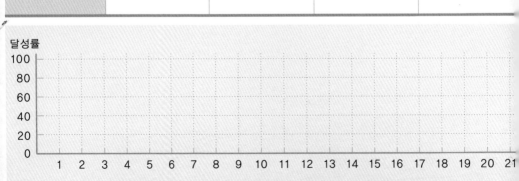

100
80
60
40
20
0

1 2 3 4 5 6 7 8 9 10 11 12 13 14 15 16 17 18 19 20 21

출발선이 어디인지는 중요하지 않다. 어쨌거나 어딘가에서는 출발해야 한다.

thursday / 아빠확인 ☐			friday / 아빠확인 ☐			saturday / 아빠확인 ☐		
과목/시간	학습계획	결과	과목/시간	학습계획	결과	과목/시간	학습계획	결과
		☐			☐			☐
		☐			☐			☐
		☐			☐			☐
		☐			☐			☐
		☐			☐			☐
		☐			☐			☐
		☐			☐			☐
		☐			☐			☐
		☐			☐			☐

						sunday / 아빠확인 ☐		
						과목/시간	학습계획	결과
		☐			☐			☐
		☐			☐			☐
		☐			☐			☐
		☐			☐			☐
		☐			☐			☐
		☐			☐			☐
		☐			☐			☐
		☐			☐			☐
		☐			☐			☐

check   check   check

아빠와 함께하는 주간계획

monday / 아빠확인 ☐			tuesday / 아빠확인 ☐			wednesday / 아빠확인 ☐		
과목/시간	학습계획	결과	과목/시간	학습계획	결과	과목/시간	학습계획	결과
		☐			☐			☐
		☐			☐			☐
		☐			☐			☐
		☐			☐			☐
		☐			☐			☐
		☐			☐			☐
		☐			☐			☐
		☐			☐			☐
		☐			☐			☐
		☐			☐			☐
		☐			☐			☐
		☐			☐			☐
		☐			☐			☐
		☐			☐			☐
		☐			☐			☐
		☐			☐			☐
		☐			☐			☐
		☐			☐			☐
		☐			☐			☐

check

check

check

지금 잠을 자면 꿈을 꾸지만 지금 공부하면 꿈을 이룬다.

thursday / 아빠확인 □			friday / 아빠확인 □			saturday / 아빠확인 □		
과목/시간	학습계획	결과	과목/시간	학습계획	결과	과목/시간	학습계획	결과
		□			□			□
		□			□			□
		□			□			□
		□			□			□
		□			□			□
		□			□			□
		□			□			□
		□			□			□
		□			□			□

						sunday / 아빠확인 □		
		□			□	과목/시간	학습계획	결과
		□			□			□
		□			□			□
		□			□			□
		□			□			□
		□			□			□
		□			□			□
		□			□			□
		□			□			□

check   check   check

아빠와 함께하는 주간계획

monday / 아빠확인 ☐			tuesday / 아빠확인 ☐			wednesday / 아빠확인 ☐		
과목/시간	학습계획	결과	과목/시간	학습계획	결과	과목/시간	학습계획	결과
		☐			☐			☐
		☐			☐			☐
		☐			☐			☐
		☐			☐			☐
		☐			☐			☐
		☐			☐			☐
		☐			☐			☐
		☐			☐			☐
		☐			☐			☐
		☐			☐			☐
		☐			☐			☐
		☐			☐			☐
		☐			☐			☐
		☐			☐			☐
		☐			☐			☐
		☐			☐			☐
		☐			☐			☐
		☐			☐			☐

check

check

check

공부가 인생의 전부는 아니다. 그러나 인생의 전부도 아닌 공부하나
정복하지 못한다면 과연 무슨 일을 할 수 있겠는가?

thursday / 아빠확인 ☐			friday / 아빠확인 ☐			saturday / 아빠확인 ☐		
과목/시간	학습계획	결과	과목/시간	학습계획	결과	과목/시간	학습계획	결과
		☐			☐			☐
		☐			☐			☐
		☐			☐			☐
		☐			☐			☐
		☐			☐			☐
		☐			☐			☐
		☐			☐			☐

						sunday / 아빠확인 ☐		
		☐			☐	과목/시간	학습계획	결과
		☐			☐			☐
		☐			☐			☐
		☐			☐			☐
		☐			☐			☐
		☐			☐			☐
		☐			☐			☐
		☐			☐			☐
		☐			☐			☐

check   check   check

아빠와 함께하는 주간계획

monday / 아빠확인 ☐			tuesday / 아빠확인 ☐			wednesday / 아빠확인 ☐		
과목/시간	학습계획	결과	과목/시간	학습계획	결과	과목/시간	학습계획	결과
		☐			☐			☐
		☐			☐			☐
		☐			☐			☐
		☐			☐			☐
		☐			☐			☐
		☐			☐			☐
		☐			☐			☐
		☐			☐			☐
		☐			☐			☐
		☐			☐			☐
		☐			☐			☐
		☐			☐			☐
		☐			☐			☐
		☐			☐			☐
		☐			☐			☐
		☐			☐			☐
		☐			☐			☐
		☐			☐			☐
		☐			☐			☐

check

check

check

정정당당하게 맞수가 되라. 경쟁자와 당당하게 싸우면 갈채를 받는다.

thursday / 아빠확인 ☐			friday / 아빠확인 ☐			saturday / 아빠확인 ☐		
과목/시간	학습계획	결과	과목/시간	학습계획	결과	과목/시간	학습계획	결과
		☐			☐			☐
		☐			☐			☐
		☐			☐			☐
		☐			☐			☐
		☐			☐			☐
		☐			☐			☐
		☐			☐			☐
		☐			☐			☐

						sunday / 아빠확인 ☐		
		☐			☐	과목/시간	학습계획	결과
		☐			☐			☐
		☐			☐			☐
		☐			☐			☐
		☐			☐			☐
		☐			☐			☐
		☐			☐			☐
		☐			☐			☐
		☐			☐			☐
		☐			☐			☐

check   check   check

아빠와 함께하는 주간계획

monday / 아빠확인 ☐			tuesday / 아빠확인 ☐			wednesday / 아빠확인 ☐		
과목/시간	학습계획	결과	과목/시간	학습계획	결과	과목/시간	학습계획	결과
		☐			☐			☐
		☐			☐			☐
		☐			☐			☐
		☐			☐			☐
		☐			☐			☐
		☐			☐			☐
		☐			☐			☐
		☐			☐			☐
		☐			☐			☐
		☐			☐			☐
		☐			☐			☐
		☐			☐			☐
		☐			☐			☐
		☐			☐			☐
		☐			☐			☐
		☐			☐			☐
		☐			☐			☐
		☐			☐			☐
		☐			☐			☐
		☐			☐			☐

check

check

check

혼자만 잘났다는 착각을 버려라.

thursday / 아빠확인 ☐			friday / 아빠확인 ☐			saturday / 아빠확인 ☐		
과목/시간	학습계획	결과	과목/시간	학습계획	결과	과목/시간	학습계획	결과
		☐			☐			☐
		☐			☐			☐
		☐			☐			☐
		☐			☐			☐
		☐			☐			☐
		☐			☐			☐
		☐			☐			☐
		☐			☐			☐

						sunday / 아빠확인 ☐		
		☐			☐	과목/시간	학습계획	결과
		☐			☐			☐
		☐			☐			☐
		☐			☐			☐
		☐			☐			☐
		☐			☐			☐
		☐			☐			☐
		☐			☐			☐
		☐			☐			☐

check   check   check

아빠와 함께하는 주간계획

monday / 아빠확인 ☐			tuesday / 아빠확인 ☐			wednesday / 아빠확인 ☐		
과목/시간	학습계획	결과	과목/시간	학습계획	결과	과목/시간	학습계획	결과
		☐			☐			☐
		☐			☐			☐
		☐			☐			☐
		☐			☐			☐
		☐			☐			☐
		☐			☐			☐
		☐			☐			☐
		☐			☐			☐
		☐			☐			☐
		☐			☐			☐
		☐			☐			☐
		☐			☐			☐
		☐			☐			☐
		☐			☐			☐
		☐			☐			☐
		☐			☐			☐
		☐			☐			☐
		☐			☐			☐
		☐			☐			☐

check

check

check

이달의 결심

Friday	Saturday

• Point Memo •

- [ ]
- [ ]
- [ ]
- [ ]
- [ ]
- [ ]
- [ ]
- [ ]
- [ ]
- [ ]
- [ ]
- [ ]
- [ ]
- [ ]
- [ ]
- [ ]
- [ ]
- [ ]
- [ ]
- [ ]
- [ ]
- [ ]
- [ ]
- [ ]
- [ ]
- [ ]
- [ ]
- [ ]

22 23 24 25 26 27 28 29 30 31

일자

monthly plan

Sunday	Monday	Tuesday	Wednesday	Thursday
○				
○				
○				
○				
○				

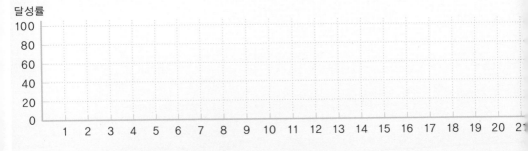

달성률

100
80
60
40
20
0

1 2 3 4 5 6 7 8 9 10 11 12 13 14 15 16 17 18 19 20 21

넘어지면 일어나면 된다.

thursday / 아빠확인		☐	friday / 아빠확인		☐	saturday / 아빠확인		☐
과목/시간	학습계획	결과	과목/시간	학습계획	결과	과목/시간	학습계획	결과
		☐			☐			☐
		☐			☐			☐
		☐			☐			☐
		☐			☐			☐
		☐			☐			☐
		☐			☐			☐
		☐			☐			☐
		☐			☐			☐

						sunday / 아빠확인		☐
		☐			☐	과목/시간	학습계획	결과
		☐			☐			☐
		☐			☐			☐
		☐			☐			☐
		☐			☐			☐
		☐			☐			☐
		☐			☐			☐
		☐			☐			☐
		☐			☐			☐
		☐			☐			☐

check

check

check

아빠와 함께하는 주간계획

-
-

과목/시간	monday / 아빠확인 ☐ 학습계획	결과	과목/시간	tuesday / 아빠확인 ☐ 학습계획	결과	과목/시간	wednesday / 아빠확인 ☐ 학습계획	결과
		☐			☐			☐
		☐			☐			☐
		☐			☐			☐
		☐			☐			☐
		☐			☐			☐
		☐			☐			☐
		☐			☐			☐
		☐			☐			☐
		☐			☐			☐
		☐			☐			☐
		☐			☐			☐
		☐			☐			☐
		☐			☐			☐
		☐			☐			☐
		☐			☐			☐
		☐			☐			☐
		☐			☐			☐
		☐			☐			☐
		☐			☐			☐

check

check

check

개같이 공부해서 정승같이 놀자.

thursday / 아빠확인 ☐			friday / 아빠확인 ☐			saturday / 아빠확인 ☐		
과목/시간	학습계획	결과	과목/시간	학습계획	결과	과목/시간	학습계획	결과
		☐			☐			☐
		☐			☐			☐
		☐			☐			☐
		☐			☐			☐
		☐			☐			☐
		☐			☐			☐
		☐			☐			☐
		☐			☐			☐
		☐			☐			☐

						sunday / 아빠확인 ☐		
						과목/시간	학습계획	결과
		☐			☐			☐
		☐			☐			☐
		☐			☐			☐
		☐			☐			☐
		☐			☐			☐
		☐			☐			☐
		☐			☐			☐
		☐			☐			☐
		☐			☐			☐

check

check

check

아빠와 함께하는 주간계획

-
-

monday / 아빠확인 ☐		결과	tuesday / 아빠확인 ☐		결과	wednesday / 아빠확인 ☐		결과
과목/시간	학습계획		과목/시간	학습계획		과목/시간	학습계획	
		☐			☐			☐
		☐			☐			☐
		☐			☐			☐
		☐			☐			☐
		☐			☐			☐
		☐			☐			☐
		☐			☐			☐
		☐			☐			☐
		☐			☐			☐
		☐			☐			☐
		☐			☐			☐
		☐			☐			☐
		☐			☐			☐
		☐			☐			☐
		☐			☐			☐
		☐			☐			☐
		☐			☐			☐
		☐			☐			☐
		☐			☐			☐

check	check	check

지금 흘린 침은 내일 흘릴 눈물이 된다.

thursday / 아빠확인 □			friday / 아빠확인 □			saturday / 아빠확인 □		
과목/시간	학습계획	결과	과목/시간	학습계획	결과	과목/시간	학습계획	결과
		□			□			□
		□			□			□
		□			□			□
		□			□			□
		□			□			□
		□			□			□
		□			□			□
		□			□			□
		□			□			□

sunday / 아빠확인 □		
과목/시간	학습계획	결과

thursday cont.			friday cont.			sunday		
		□			□			□
		□			□			□
		□			□			□
		□			□			□
		□			□			□
		□			□			□
		□			□			□
		□			□			□
		□			□			□

check

check

check

아빠와 함께하는 주간계획

-
-

monday / 아빠확인 ☐			tuesday / 아빠확인 ☐			wednesday / 아빠확인 ☐		
과목/시간	학습계획	결과	과목/시간	학습계획	결과	과목/시간	학습계획	결과
		☐			☐			☐
		☐			☐			☐
		☐			☐			☐
		☐			☐			☐
		☐			☐			☐
		☐			☐			☐
		☐			☐			☐
		☐			☐			☐
		☐			☐			☐
		☐			☐			☐
		☐			☐			☐
		☐			☐			☐
		☐			☐			☐
		☐			☐			☐
		☐			☐			☐
		☐			☐			☐
		☐			☐			☐
		☐			☐			☐
		☐			☐			☐

check

check

check

성공은 아무나 하는 것이 아니다. 철저한 자기 관리와 노력에서 비롯된다.

thursday / 아빠확인 ☐			friday / 아빠확인 ☐			saturday / 아빠확인 ☐		
과목/시간	학습계획	결과	과목/시간	학습계획	결과	과목/시간	학습계획	결과
		☐			☐			☐
		☐			☐			☐
		☐			☐			☐
		☐			☐			☐
		☐			☐			☐
		☐			☐			☐
		☐			☐			☐
		☐			☐			☐

sunday / 아빠확인 ☐		
과목/시간	학습계획	결과

thursday			friday			sunday		
		☐			☐			☐
		☐			☐			☐
		☐			☐			☐
		☐			☐			☐
		☐			☐			☐
		☐			☐			☐
		☐			☐			☐
		☐			☐			☐
		☐			☐			☐
		☐			☐			☐
		☐			☐			☐

check

check

check

아빠와 함께하는 주간계획

-
-

monday / 아빠확인 ☐			tuesday / 아빠확인 ☐			wednesday / 아빠확인 ☐		
과목/시간	학습계획	결과	과목/시간	학습계획	결과	과목/시간	학습계획	결과
		☐			☐			☐
		☐			☐			☐
		☐			☐			☐
		☐			☐			☐
		☐			☐			☐
		☐			☐			☐
		☐			☐			☐
		☐			☐			☐
		☐			☐			☐
		☐			☐			☐
		☐			☐			☐
		☐			☐			☐
		☐			☐			☐
		☐			☐			☐
		☐			☐			☐
		☐			☐			☐
		☐			☐			☐
		☐			☐			☐
		☐			☐			☐

check

check

check

묵묵하게 그리고 꾸준히! 이것이 경주에서 이기는 비결이다.

thursday / 아빠확인 ☐

과목/시간	학습계획	결과
		☐
		☐
		☐
		☐
		☐
		☐
		☐
		☐
		☐
		☐
		☐
		☐
		☐
		☐
		☐
		☐
		☐
		☐
		☐

friday / 아빠확인 ☐

과목/시간	학습계획	결과
		☐
		☐
		☐
		☐
		☐
		☐
		☐
		☐
		☐
		☐
		☐
		☐
		☐
		☐
		☐
		☐
		☐
		☐
		☐

saturday / 아빠확인 ☐

과목/시간	학습계획	결과
		☐
		☐
		☐
		☐
		☐
		☐
		☐
		☐
		☐

sunday / 아빠확인 ☐

과목/시간	학습계획	결과
		☐
		☐
		☐
		☐
		☐
		☐
		☐
		☐
		☐

check

check

check

아빠와 함께하는 주간계획

-
-

monday / 아빠확인 ☐			tuesday / 아빠확인 ☐			wednesday / 아빠확인 ☐	
과목/시간	학습계획	결과	과목/시간	학습계획	결과	과목/시간	학습계획	결과
		☐			☐			☐
		☐			☐			☐
		☐			☐			☐
		☐			☐			☐
		☐			☐			☐
		☐			☐			☐
		☐			☐			☐
		☐			☐			☐
		☐			☐			☐
		☐			☐			☐
		☐			☐			☐
		☐			☐			☐
		☐			☐			☐
		☐			☐			☐
		☐			☐			☐
		☐			☐			☐
		☐			☐			☐
		☐			☐			☐
		☐			☐			

check

check

check

Friday	Saturday

• Point Memo •

☐
☐
☐
☐
☐
☐
☐
☐
☐
☐
☐
☐
☐
☐
☐
☐
☐
☐
☐
☐
☐
☐
☐
☐
☐
☐
☐
☐

22　23　24　25　26　27　28　29　30　31
일자

monthly plan

Sunday	Monday	Tuesday	Wednesday	Thursday

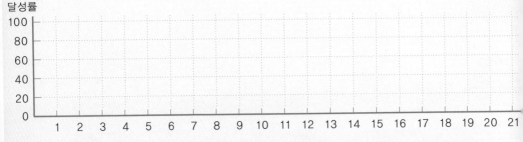

달성률

100
80
60
40
20
0

1 2 3 4 5 6 7 8 9 10 11 12 13 14 15 16 17 18 19 20 21

TV의 불빛은 눈앞에서 빛났다가 사라지지만, 책 속의 꿈은 마음속에서 영원히 빛난다.

thursday / 아빠확인 ☐

과목/시간	학습계획	결과
		☐
		☐
		☐
		☐
		☐
		☐
		☐
		☐
		☐
		☐
		☐
		☐
		☐
		☐
		☐
		☐
		☐
		☐
		☐

friday / 아빠확인 ☐

과목/시간	학습계획	결과
		☐
		☐
		☐
		☐
		☐
		☐
		☐
		☐
		☐
		☐
		☐
		☐
		☐
		☐
		☐
		☐
		☐
		☐
		☐

saturday / 아빠확인 ☐

과목/시간	학습계획	결과
		☐
		☐
		☐
		☐
		☐
		☐
		☐
		☐
		☐

sunday / 아빠확인 ☐

과목/시간	학습계획	결과
		☐
		☐
		☐
		☐
		☐
		☐
		☐
		☐
		☐
		☐

check

check

check

아빠와 함께하는 주간계획

monday / 아빠확인 ☐			tuesday / 아빠확인 ☐			wednesday / 아빠확인 ☐
과목/시간	학습계획	결과	과목/시간	학습계획	결과	과목/시간	학습계획	결과
		☐			☐			☐
		☐			☐			☐
		☐			☐			☐
		☐			☐			☐
		☐			☐			☐
		☐			☐			☐
		☐			☐			☐
		☐			☐			☐
		☐			☐			☐
		☐			☐			☐
		☐			☐			☐
		☐			☐			☐
		☐			☐			☐
		☐			☐			☐
		☐			☐			☐
		☐			☐			☐
		☐			☐			☐
		☐			☐			☐
		☐			☐			☐
		☐			☐			☐

check

check

check

참을 줄 알라. 인내심이 지혜의 반이다.

thursday / 아빠확인 ☐			friday / 아빠확인 ☐			saturday / 아빠확인 ☐		
과목/시간	학습계획	결과	과목/시간	학습계획	결과	과목/시간	학습계획	결과
		☐			☐			☐
		☐			☐			☐
		☐			☐			☐
		☐			☐			☐
		☐			☐			☐
		☐			☐			☐
		☐			☐			☐
		☐			☐			☐

sunday / 아빠확인 ☐		
과목/시간	학습계획	결과

thursday (cont)			friday (cont)			sunday		
		☐			☐			☐
		☐			☐			☐
		☐			☐			☐
		☐			☐			☐
		☐			☐			☐
		☐			☐			☐
		☐			☐			☐
		☐			☐			☐
		☐			☐			☐
		☐			☐			☐

check

check

check

아빠와 함께하는 주간계획

monday / 아빠확인 ☐			tuesday / 아빠확인 ☐			wednesday / 아빠확인 ☐		
과목/시간	학습계획	결과	과목/시간	학습계획	결과	과목/시간	학습계획	결과
		☐			☐			☐
		☐			☐			☐
		☐			☐			☐
		☐			☐			☐
		☐			☐			☐
		☐			☐			☐
		☐			☐			☐
		☐			☐			☐
		☐			☐			☐
		☐			☐			☐
		☐			☐			☐
		☐			☐			☐
		☐			☐			☐
		☐			☐			☐
		☐			☐			☐
		☐			☐			☐
		☐			☐			☐
		☐			☐			☐
		☐			☐			☐
		☐			☐			☐

check

check

check

경쟁자를 친구로 삼는 것은 통쾌한 일이다.

thursday / 아빠확인 ☐			friday / 아빠확인 ☐			saturday / 아빠확인 ☐		
과목/시간	학습계획	결과	과목/시간	학습계획	결과	과목/시간	학습계획	결과
		☐			☐			☐
		☐			☐			☐
		☐			☐			☐
		☐			☐			☐
		☐			☐			☐
		☐			☐			☐
		☐			☐			☐
		☐			☐			☐
		☐			☐			☐

sunday / 아빠확인 ☐		
과목/시간	학습계획	결과
		☐
		☐
		☐
		☐
		☐
		☐
		☐
		☐
		☐
		☐

check

check

check

아빠와 함께하는 주간계획

- ●
- ●

monday / 아빠확인 ☐			tuesday / 아빠확인 ☐			wednesday / 아빠확인 ☐
과목/시간	학습계획	결과	과목/시간	학습계획	결과	과목/시간	학습계획	결과
		☐			☐			☐
		☐			☐			☐
		☐			☐			☐
		☐			☐			☐
		☐			☐			☐
		☐			☐			☐
		☐			☐			☐
		☐			☐			☐
		☐			☐			☐
		☐			☐			☐
		☐			☐			☐
		☐			☐			☐
		☐			☐			☐
		☐			☐			☐
		☐			☐			☐
		☐			☐			☐
		☐			☐			☐
		☐			☐			☐
		☐			☐			☐
		☐			☐			☐

check

check

check

운동량 보존의 법칙 – 노력량 보존의 법칙!

thursday / 아빠확인 ☐			friday / 아빠확인 ☐			saturday / 아빠확인 ☐		
과목/시간	학습계획	결과	과목/시간	학습계획	결과	과목/시간	학습계획	결과
		☐			☐			☐
		☐			☐			☐
		☐			☐			☐
		☐			☐			☐
		☐			☐			☐
		☐			☐			☐
		☐			☐			☐
		☐			☐			☐
		☐			☐			☐

sunday / 아빠확인 ☐		
과목/시간	학습계획	결과
		☐

thursday			friday			sunday		
		☐			☐			☐
		☐			☐			☐
		☐			☐			☐
		☐			☐			☐
		☐			☐			☐
		☐			☐			☐
		☐			☐			☐
		☐			☐			☐
		☐			☐			☐
		☐			☐			☐

check   check   check

아빠와 함께하는 주간계획

monday / 아빠확인 ☐			tuesday / 아빠확인 ☐			wednesday / 아빠확인 ☐		
과목/시간	학습계획	결과	과목/시간	학습계획	결과	과목/시간	학습계획	결과
		☐			☐			☐
		☐			☐			☐
		☐			☐			☐
		☐			☐			☐
		☐			☐			☐
		☐			☐			☐
		☐			☐			☐
		☐			☐			☐
		☐			☐			☐
		☐			☐			☐
		☐			☐			☐
		☐			☐			☐
		☐			☐			☐
		☐			☐			☐
		☐			☐			☐
		☐			☐			☐
		☐			☐			☐
		☐			☐			☐
		☐			☐			☐
		☐			☐			☐

check

check

check

지금 이 순간에도 1등의 책장은 넘어가고 있다.

thursday / 아빠확인 ☐			friday / 아빠확인 ☐			saturday / 아빠확인 ☐		
목/시간	학습계획	결과	과목/시간	학습계획	결과	과목/시간	학습계획	결과
		☐			☐			☐
		☐			☐			☐
		☐			☐			☐
		☐			☐			☐
		☐			☐			☐
		☐			☐			☐
		☐			☐			☐
		☐			☐			☐
		☐			☐			☐

						sunday / 아빠확인 ☐		
		☐			☐	과목/시간	학습계획	결과
		☐			☐			☐
		☐			☐			☐
		☐			☐			☐
		☐			☐			☐
		☐			☐			☐
		☐			☐			☐
		☐			☐			☐
		☐			☐			☐
		☐			☐			☐

check   check   check

아빠와 함께하는 주간계획

- ▨▨▨▨▨▨▨▨▨▨▨▨▨▨▨▨▨▨▨▨▨▨▨▨▨▨▨▨▨▨▨
- ▨▨▨▨▨▨▨▨▨▨▨▨▨▨▨▨▨▨▨▨▨▨▨▨▨▨▨▨▨▨▨

monday / 아빠확인 ☐			tuesday / 아빠확인 ☐			wednesday / 아빠확인 ☐		
과목/시간	학습계획	결과	과목/시간	학습계획	결과	과목/시간	학습계획	결과
		☐			☐			☐
		☐			☐			☐
		☐			☐			☐
		☐			☐			☐
		☐			☐			☐
		☐			☐			☐
		☐			☐			☐
		☐			☐			☐
		☐			☐			☐
		☐			☐			☐
		☐			☐			☐
		☐			☐			☐
		☐			☐			☐
		☐			☐			☐
		☐			☐			☐
		☐			☐			☐
		☐			☐			☐
		☐			☐			☐
		☐			☐			☐
		☐			☐			☐

check

check

check

이달의 결심

Friday	Saturday

2 23 24 25 26 27 28 29 30 31

일자

☐
☐
☐
☐
☐
☐
☐
☐
☐
☐
☐
☐
☐
☐
☐
☐
☐
☐
☐
☐
☐
☐
☐
☐
☐
☐
☐
☐
☐
☐

monthly plan

Sunday	Monday	Tuesday	Wednesday	Thursday

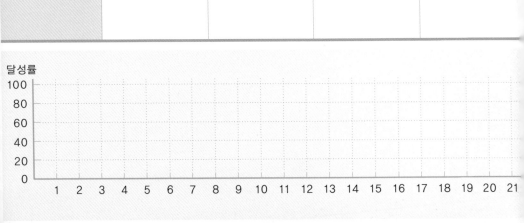

달성률

100																				
80																				
60																				
40																				
20																				
0																				
	1	2	3	4	5	6	7	8	9	10	11	12	13	14	15	16	17	18	19	20	21

thursday / 아빠확인 ☐			friday / 아빠확인 ☐			saturday / 아빠확인 ☐		
과목/시간	학습계획	결과	과목/시간	학습계획	결과	과목/시간	학습계획	결과
		☐			☐			☐
		☐			☐			☐
		☐			☐			☐
		☐			☐			☐
		☐			☐			☐
		☐			☐			☐
		☐			☐			☐
		☐			☐			☐

						sunday / 아빠확인 ☐		
						과목/시간	학습계획	결과
		☐			☐			
		☐			☐			☐
		☐			☐			☐
		☐			☐			☐
		☐			☐			☐
		☐			☐			☐
		☐			☐			☐
		☐			☐			☐
		☐			☐			☐
		☐			☐			☐

check   check   check

아빠와 함께하는 주간계획

monday / 아빠확인 ☐		결과	tuesday / 아빠확인 ☐		결과	wednesday / 아빠확인 ☐		결과
과목/시간	학습계획		과목/시간	학습계획		과목/시간	학습계획	
		☐			☐			☐
		☐			☐			☐
		☐			☐			☐
		☐			☐			☐
		☐			☐			☐
		☐			☐			☐
		☐			☐			☐
		☐			☐			☐
		☐			☐			☐
		☐			☐			☐
		☐			☐			☐
		☐			☐			☐
		☐			☐			☐
		☐			☐			☐
		☐			☐			☐
		☐			☐			☐
		☐			☐			☐
		☐			☐			☐
		☐			☐			☐

check

check

check

무시해도 될 만한 사람이 되지 마라.

thursday / 아빠확인		☐
과목/시간	학습계획	결과
		☐
		☐
		☐
		☐
		☐
		☐
		☐
		☐
		☐
		☐
		☐
		☐
		☐
		☐
		☐
		☐
		☐
		☐
		☐
		☐

friday / 아빠확인		☐
과목/시간	학습계획	결과
		☐
		☐
		☐
		☐
		☐
		☐
		☐
		☐
		☐
		☐
		☐
		☐
		☐
		☐
		☐
		☐
		☐
		☐
		☐
		☐

saturday / 아빠확인		☐
과목/시간	학습계획	결과
		☐
		☐
		☐
		☐
		☐
		☐
		☐
		☐

sunday / 아빠확인		☐
과목/시간	학습계획	결과
		☐
		☐
		☐
		☐
		☐
		☐
		☐
		☐
		☐
		☐
		☐

check

check

check

아빠와 함께하는 주간계획

monday / 아빠확인 ☐			tuesday / 아빠확인 ☐			wednesday / 아빠확인 ☐		
과목/시간	학습계획	결과	과목/시간	학습계획	결과	과목/시간	학습계획	결과
		☐			☐			☐
		☐			☐			☐
		☐			☐			☐
		☐			☐			☐
		☐			☐			☐
		☐			☐			☐
		☐			☐			☐
		☐			☐			☐
		☐			☐			☐
		☐			☐			☐
		☐			☐			☐
		☐			☐			☐
		☐			☐			☐
		☐			☐			☐
		☐			☐			☐
		☐			☐			☐
		☐			☐			☐
		☐			☐			☐
		☐			☐			☐
		☐			☐			☐

check

check

check

thursday / 아빠확인 ☐			friday / 아빠확인 ☐			saturday / 아빠확인 ☐		
과목/시간	학습계획	결과	과목/시간	학습계획	결과	과목/시간	학습계획	결과
		☐			☐			☐
		☐			☐			☐
		☐			☐			☐
		☐			☐			☐
		☐			☐			☐
		☐			☐			☐
		☐			☐			☐
		☐			☐			☐
		☐			☐			☐

						sunday / 아빠확인 ☐		
		☐			☐	과목/시간	학습계획	결과
		☐			☐			☐
		☐			☐			☐
		☐			☐			☐
		☐			☐			☐
		☐			☐			☐
		☐			☐			☐
		☐			☐			☐
		☐			☐			☐

check   check   check

아빠와 함께하는 주간계획

monday / 아빠확인 ☐			tuesday / 아빠확인 ☐			wednesday / 아빠확인 ☐
과목/시간	학습계획	결과	과목/시간	학습계획	결과	과목/시간	학습계획	결과
		☐			☐			☐
		☐			☐			☐
		☐			☐			☐
		☐			☐			☐
		☐			☐			☐
		☐			☐			☐
		☐			☐			☐
		☐			☐			☐
		☐			☐			☐
		☐			☐			☐
		☐			☐			☐
		☐			☐			☐
		☐			☐			☐
		☐			☐			☐
		☐			☐			☐
		☐			☐			☐
		☐			☐			☐
		☐			☐			☐

check

check

check

날지 못하는 것은 운명이지만 날아오르려 하지 않는 것은 타락이다.

과목/시간	학습계획	결과
thursday / 아빠확인 □		
		□
		□
		□
		□
		□
		□
		□
		□
		□
		□
		□
		□
		□
		□
		□
		□
		□
		□
		□

check

과목/시간	학습계획	결과
friday / 아빠확인 □		
		□
		□
		□
		□
		□
		□
		□
		□
		□
		□
		□
		□
		□
		□
		□
		□
		□
		□
		□

check

과목/시간	학습계획	결과
saturday / 아빠확인 □		
		□
		□
		□
		□
		□
		□
		□
		□

과목/시간	학습계획	결과
sunday / 아빠확인 □		
		□
		□
		□
		□
		□
		□
		□
		□

check

아빠와 함께하는 주간계획

monday / 아빠확인 ☐			tuesday / 아빠확인 ☐			wednesday / 아빠확인 ☐		
과목/시간	학습계획	결과	과목/시간	학습계획	결과	과목/시간	학습계획	결
		☐			☐			☐
		☐			☐			☐
		☐			☐			☐
		☐			☐			☐
		☐			☐			☐
		☐			☐			☐
		☐			☐			☐
		☐			☐			☐
		☐			☐			☐
		☐			☐			☐
		☐			☐			☐
		☐			☐			☐
		☐			☐			☐
		☐			☐			☐
		☐			☐			☐
		☐			☐			☐
		☐			☐			☐
		☐			☐			☐
		☐			☐			☐
		☐			☐			☐

check   check   check

남의 강함을 내가 시기하는 것은
내가 그 사람만 못함을 부끄러워하기 때문이다.

thursday / 아빠확인		☐	friday / 아빠확인		☐	saturday / 아빠확인		☐
목/시간	학습계획	결과	과목/시간	학습계획	결과	과목/시간	학습계획	결과
		☐			☐			☐
		☐			☐			☐
		☐			☐			☐
		☐			☐			☐
		☐			☐			☐
		☐			☐			☐
		☐			☐			☐
		☐			☐			☐
		☐			☐	sunday / 아빠확인		☐
		☐			☐	과목/시간	학습계획	결과
		☐			☐			☐
		☐			☐			☐
		☐			☐			☐
		☐			☐			☐
		☐			☐			☐
		☐			☐			☐
		☐			☐			☐
		☐			☐			☐
		☐			☐			☐

check   check   check

아빠와 함께하는 주간계획

monday / 아빠확인 ☐		결과	tuesday / 아빠확인 ☐		결과	wednesday / 아빠확인 ☐		결
과목/시간	학습계획		과목/시간	학습계획		과목/시간	학습계획	
		☐			☐			☐
		☐			☐			☐
		☐			☐			☐
		☐			☐			☐
		☐			☐			☐
		☐			☐			☐
		☐			☐			☐
		☐			☐			☐
		☐			☐			☐
		☐			☐			☐
		☐			☐			☐
		☐			☐			☐
		☐			☐			☐
		☐			☐			☐
		☐			☐			☐
		☐			☐			☐
		☐			☐			☐
		☐			☐			☐
		☐			☐			☐

check   check   check

Friday	Saturday

☐
☐
☐
☐
☐
☐
☐
☐
☐
☐
☐
☐
☐
☐
☐
☐
☐
☐
☐
☐
☐
☐
☐
☐
☐
☐
☐
☐

2 23 24 25 26 27 28 29 30 31
일자

monthly plan

아빠와 함께하는 월간계획

Sunday	Monday	Tuesday	Wednesday	Thursday

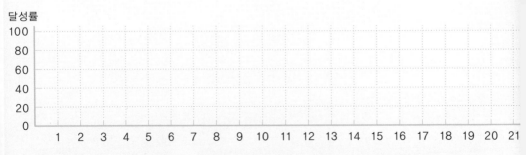

달성률

100																					
80																					
60																					
40																					
20																					
0	1	2	3	4	5	6	7	8	9	10	11	12	13	14	15	16	17	18	19	20	21

1시간 공부를 더하면 남편 얼굴이 바뀐다.

thursday / 아빠확인 ☐			friday / 아빠확인 ☐			saturday / 아빠확인 ☐		
과목/시간	학습계획	결과	과목/시간	학습계획	결과	과목/시간	학습계획	결과
		☐			☐			☐
		☐			☐			☐
		☐			☐			☐
		☐			☐			☐
		☐			☐			☐
		☐			☐			☐
		☐			☐			☐
		☐			☐			☐
		☐			☐			☐

						sunday / 아빠확인 ☐		
						과목/시간	학습계획	결과
		☐			☐			☐
		☐			☐			☐
		☐			☐			☐
		☐			☐			☐
		☐			☐			☐
		☐			☐			☐
		☐			☐			☐
		☐			☐			☐
		☐			☐			☐
		☐			☐			☐

check

check

check

아빠와 함께하는 주간계획

-
-

monday / 아빠확인 ☐			tuesday / 아빠확인 ☐			wednesday / 아빠확인 ☐		
과목/시간	학습계획	결과	과목/시간	학습계획	결과	과목/시간	학습계획	결과
		☐			☐			☐
		☐			☐			☐
		☐			☐			☐
		☐			☐			☐
		☐			☐			☐
		☐			☐			☐
		☐			☐			☐
		☐			☐			☐
		☐			☐			☐
		☐			☐			☐
		☐			☐			☐
		☐			☐			☐
		☐			☐			☐
		☐			☐			☐
		☐			☐			☐
		☐			☐			☐
		☐			☐			☐
		☐			☐			☐
		☐			☐			☐

check

check

check

눈이 감기는가? 그러면 미래를 향한 눈도 감긴다.

thursday / 아빠확인 ☐			friday / 아빠확인 ☐			saturday / 아빠확인 ☐		
과목/시간	학습계획	결과	과목/시간	학습계획	결과	과목/시간	학습계획	결과
		☐			☐			☐
		☐			☐			☐
		☐			☐			☐
		☐			☐			☐
		☐			☐			☐
		☐			☐			☐
		☐			☐			☐
		☐			☐			☐

						sunday / 아빠확인 ☐		
		☐			☐	과목/시간	학습계획	결과
		☐			☐			☐
		☐			☐			☐
		☐			☐			☐
		☐			☐			☐
		☐			☐			☐
		☐			☐			☐
		☐			☐			☐
		☐			☐			☐
		☐			☐			☐

check

check

check

아빠와 함께하는 주간계획

-
-

monday / 아빠확인 ☐		결과	tuesday / 아빠확인 ☐		결과	wednesday / 아빠확인 ☐		결과
과목/시간	학습계획		과목/시간	학습계획		과목/시간	학습계획	
		☐			☐			☐
		☐			☐			☐
		☐			☐			☐
		☐			☐			☐
		☐			☐			☐
		☐			☐			☐
		☐			☐			☐
		☐			☐			☐
		☐			☐			☐
		☐			☐			☐
		☐			☐			☐
		☐			☐			☐
		☐			☐			☐
		☐			☐			☐
		☐			☐			☐
		☐			☐			☐
		☐			☐			☐
		☐			☐			☐
		☐			☐			☐

check

check

check

'너의 최고는 나의 최저다!' 라고 말할 수 있을 때까지 펜을 놓지 마라.

•

•

thursday / 아빠확인 ☐

과목/시간	학습계획	결과
		☐
		☐
		☐
		☐
		☐
		☐
		☐
		☐
		☐
		☐
		☐
		☐
		☐
		☐
		☐
		☐
		☐
		☐
		☐
		☐

friday / 아빠확인 ☐

과목/시간	학습계획	결과
		☐
		☐
		☐
		☐
		☐
		☐
		☐
		☐
		☐
		☐
		☐
		☐
		☐
		☐
		☐
		☐
		☐
		☐
		☐
		☐

saturday / 아빠확인 ☐

과목/시간	학습계획	결과
		☐
		☐
		☐
		☐
		☐
		☐
		☐
		☐
		☐

sunday / 아빠확인 ☐

과목/시간	학습계획	결과
		☐
		☐
		☐
		☐
		☐
		☐
		☐
		☐
		☐

check

check

check

아빠와 함께하는 주간계획

-
-

monday / 아빠확인 ☐			tuesday / 아빠확인 ☐			wednesday / 아빠확인 ☐		
과목/시간	학습계획	결과	과목/시간	학습계획	결과	과목/시간	학습계획	결과
		☐			☐			☐
		☐			☐			☐
		☐			☐			☐
		☐			☐			☐
		☐			☐			☐
		☐			☐			☐
		☐			☐			☐
		☐			☐			☐
		☐			☐			☐
		☐			☐			☐
		☐			☐			☐
		☐			☐			☐
		☐			☐			☐
		☐			☐			☐
		☐			☐			☐
		☐			☐			☐
		☐			☐			☐
		☐			☐			☐
		☐			☐			☐

check

check

check

'포기'란 배추를 세는 단위다.

thursday / 아빠확인 ☐			friday / 아빠확인 ☐			saturday / 아빠확인 ☐		
과목/시간	학습계획	결과	과목/시간	학습계획	결과	과목/시간	학습계획	결과
		☐			☐			☐
		☐			☐			☐
		☐			☐			☐
		☐			☐			☐
		☐			☐			☐
		☐			☐			☐
		☐			☐			☐
		☐			☐			☐

			sunday / 아빠확인 ☐		
			과목/시간	학습계획	결과

thursday	friday			sunday		
☐		☐				☐
☐		☐				☐
☐		☐				☐
☐		☐				☐
☐		☐				☐
☐		☐				☐
☐		☐				☐
☐		☐				☐

check

check

check

아빠와 함께하는 주간계획

-
-

monday / 아빠확인 ☐			tuesday / 아빠확인 ☐			wednesday / 아빠확인 ☐		
과목/시간	학습계획	결과	과목/시간	학습계획	결과	과목/시간	학습계획	결과
		☐			☐			☐
		☐			☐			☐
		☐			☐			☐
		☐			☐			☐
		☐			☐			☐
		☐			☐			☐
		☐			☐			☐
		☐			☐			☐
		☐			☐			☐
		☐			☐			☐
		☐			☐			☐
		☐			☐			☐
		☐			☐			☐
		☐			☐			☐
		☐			☐			☐
		☐			☐			☐
		☐			☐			☐
		☐			☐			☐
		☐			☐			☐

check

check

check

Be sap, for only my dream!

thursday / 아빠확인 ☐			friday / 아빠확인 ☐			saturday / 아빠확인 ☐		
과목/시간	학습계획	결과	과목/시간	학습계획	결과	과목/시간	학습계획	결과
		☐			☐			☐
		☐			☐			☐
		☐			☐			☐
		☐			☐			☐
		☐			☐			☐
		☐			☐			☐
		☐			☐			☐
		☐			☐			☐
		☐			☐			☐

						sunday / 아빠확인 ☐		
		☐			☐	과목/시간	학습계획	결과
		☐			☐			☐
		☐			☐			☐
		☐			☐			☐
		☐			☐			☐
		☐			☐			☐
		☐			☐			☐
		☐			☐			☐
		☐			☐			☐
		☐			☐			☐

check

check

check

아빠와 함께하는 주간계획

-
-

과목/시간	monday / 아빠확인 ☐ 학습계획	결과	과목/시간	tuesday / 아빠확인 ☐ 학습계획	결과	과목/시간	wednesday / 아빠확인 ☐ 학습계획	결
		☐			☐			☐
		☐			☐			☐
		☐			☐			☐
		☐			☐			☐
		☐			☐			☐
		☐			☐			☐
		☐			☐			☐
		☐			☐			☐
		☐			☐			☐
		☐			☐			☐
		☐			☐			☐
		☐			☐			☐
		☐			☐			☐
		☐			☐			☐
		☐			☐			☐
		☐			☐			☐
		☐			☐			☐
		☐			☐			☐
		☐			☐			☐

check

check

check

Friday	Saturday

이달의 결심

• Point Memo •

☐
☐
☐
☐
☐
☐
☐
☐
☐
☐
☐
☐
☐
☐
☐
☐
☐
☐
☐
☐
☐
☐
☐
☐
☐
☐
☐
☐

22 23 24 25 26 27 28 29 30 31

일자

monthly plan

아빠와 함께하는 월간계획

-
-

Sunday	Monday	Tuesday	Wednesday	Thursday

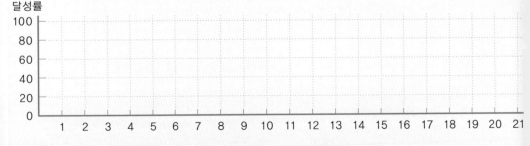

달성률

100
80
60
40
20
0

1 2 3 4 5 6 7 8 9 10 11 12 13 14 15 16 17 18 19 20 21

2007. 9. 10. 月   I AM STARVING

시 간	할 일	확인	다음연제
7:00~8:00	기상. 학교도착 ~ 中 듣기 2회분		
8:00 ~4:30 (학교)	· 8:00~8:40 EBS FINAL 외국어	5 left	내일 지하철
	· 11:30~12:40 ㄴ 지문 15		
	· 수업 ┌ 독서, 경제, 한지	열심히 들음	
	자습 ├ 영어. 확통. 근현. 화학	영어단어	
	문문) 화학(√) 근현(∨) 독서(X)		수요일 질문할 것
4:30~8:00	귀가. 저녁식사. 낮잠. 화학 프린트 복사	했음	
8:00~11:00	화학 · 풀기 텀러 - 프린트 (必)	✓	
	· 교과서 읽기 & 연습문제 풀기	X	시험 전날 : 꼭!!
11:00~2:00	근현 · 처음 ~ 끝 읽고 타우기 (必)	✓	
	· 메가 500제 되는 대로	✓	
2:00 ~	쉬 EBS 파이널 1회	✓	
	※ 근현 프린트 읽고 자기	1917 대통단졈 선에 까지	

* 위 스터디 스케줄은 2008년 고려대학교에 합격한 김윤정 양이 직접 작성한 표입니다.

이렇게 활용하세요

2007. 8. 18. 土   개학 이5 커밍 순…^^;

시간	할 일	확인	다음언제
5:30~6:00	기상. 샤워	V	
6:00~8:00	〈언어〉 ① 5개년 모의고사 04's 9月	V -3	
	② EBS 고득점 4개	V	
	③ 패싱코드 현대 시·소설	V	
8:00~9:00	아침식사· 낮잠		
9:00~12:00	인강) ① 국사· 근현대사	V	
	② 정치· 경제		
12:00~1:00	점심식사		
1:00~6:30	· 3~5시 학원	V	
	· 자투리 시간 - 패싱코드	X	내일 !! 꼭한다 !!
	(어휘·어법·쓰기 부분)		
6:30~8:00	**무한도전** ♡	V	
8:00~12:30	〈언외수 - 수능기출〉 02년		점수 총285
	· 시간엄수 · 채점 · 오답 확인		언] 60분 -4. 91
			수] 90분 -1. 96
			외] 60분 -1. 98

스터디 스케줄러를 소개합니다

 나의 학습 목표 세우기

올해의 목표와 학습 계획을 세우고 구체적인 실천 방법을 적어보세요.

 학습 계획표 엿보기

학습 계획표를 활용한 이후 놀라운 학습 성과를 달성한 학생의 실제 계획표를 수록했습니다. 나만의 학습 계획을 세우는 데 참고하세요.

 월간 & 주간 & 일일 학습 계획 세우기

꼭 해야 할 일들을 월간, 주간, 일일별로 적어 보세요. 월간 계획은 그 달의 학습 목표와 계획 위주로 적고, 주간 및 일간 계획은 좀더 세부적인 계획과 실천 방법을 적어보세요. 계획한 일들이 어느 정도 진행되었는지 체크하는 것도 잊지 마세요.

check 활용하기

오늘 끝내지 못한 계획은 언제 마무리할지 구체적인 일정을 적어주세요.

Point Memo 활용하기

학습 계획과 목표 달성 여부, 실천과정에서 느낀 점 등을 메모장에 적어보세요.

강남아빠 따라잡기
스터디 스케줄러

펴낸이 | 김경태
펴낸곳 | 한국경제신문 한경BP

제1판 1쇄 인쇄 | 2008년 2월 25일
제1판 1쇄 발행 | 2008년 3월 10일

주소 | 서울특별시 중구 중림동 441
기획출판팀 | 3604-553~6
영업마케팅팀 | 3604-561~2, 595 FAX | 3604-599
홈페이지 | http://www.hankyungbp.com
전자우편 | bp@hankyung.com
등록 | 제 2-315(1967. 5. 15)

아빠와 함께하는

스터디
스케줄러

Study Scheduler

• 최강희 지음 •

한국경제신문